U0503687

中国文博名家画传

谢辰生

李晓东　彭蕾　著　

装帧设计　晨　舟
责任印制　陈　杰
责任编辑　周　成　宋　丹

图书在版编目(CIP)数据

谢辰生/李晓东，彭蕾著.－北京：文物出版社，
2019.2

（中国文博名家画传/周成主编）

ISBN 978-7-5010-5826-6

Ⅰ．①谢… Ⅱ.①李… ②彭… Ⅲ.①谢辰生－
传记－画册 Ⅳ.①K825.81-64

中国版本图书馆CIP数据核字(2018)第267584号

中 国 文 博 名 家 画 传
谢 辰 生

李晓东　彭　蕾　著
*

文 物 出 版 社 出 版 发 行
北京东直门内北小街2号楼
邮政编码：100007
http://www.wenwu.com
E-mail:web@wenwu.com
北京荣宝艺品文化有限公司制版
鑫艺佳利（天津）印刷厂印刷
新 华 书 店 经 销
965×1270　1/32　印张：7.25
2019年2月第1版　2019年2月第1次印刷
ISBN 978-7-5010-5826-6　定价：128.00元

目　录

一 胸无大志枉少年

一、颠沛辗转的童年与少年

谢辰生，公元1922年9月17日（农历七月二十六日）出生在北京南锣鼓巷一条叫前圆恩寺的胡同里（图一），名国愈，字辰生，号思庵。其祖籍为江苏省武进（今常州）罗墅湾南村，寄籍河南安阳。父亲谢宗陶（公元1887–1976年），字菊农，毕业于京师大学堂，曾先后任徐世昌、吴佩孚、商震、于学忠、熊斌等人秘书，财政组主任参议，河北省银行行长等职。中华人民共和国成立后，其父先后在天津圣功女子中学任国文教师，在河北

一　北京南锣鼓巷前圆恩寺胡同

二　公元 20 世纪 30 年代，谢家兄弟姐妹合影。从右至左依次
　　为谢国祥（十弟）、谢辰生（老八）、谢絮清（四姐）、谢
　　国振（七哥）、谢国捷（六哥）。

大学教授历史。母亲万玉文。谢辰生在家中排行第四。伯兄谢国捷，
字戒生。仲兄谢国振，字雷生。姐谢絮青，弟谢国祥（图二）。

六岁以前的谢辰生，因为父亲任黎元洪政府财政组主任参议，
远寓洛阳，随母亲寄居于家住天津意大利租界北东马路的三伯父
谢宗汾家，生活倒也安稳。不幸的是，在他六岁时，慈母辞世，
谢辰生的生活起居全由三伯母含辛茹苦地照料。

公元 1929 年，谢辰生七岁。父亲当时任河北省政府主席商震
的秘书。谢辰生在这一年被父亲带回北平，租住于北平府右街椅
子胡同六号。到了读书年纪的他，进入北平培根小学读初小。八
岁时转入北平四存小学，直到公元 1933 年。四存小学重视国学教
育，《论语》《诗经》《左传》等都是必读书目，因此学生们国
学底子都比较好。在这里度过大部分小学时光的谢辰生也由此打
下了厚实的旧体诗词基础，一手漂亮的小楷也是有模有样。

公元 1934 年，父亲转任河北省主席于学忠秘书，工作地点在河北省省会天津。谢辰生又被父亲接到天津，并进入天津秀山小学读高小，翌年毕业。小学毕业后，谢辰生即回到北平，兄弟几人都住在太仆寺街公寓。后来，谢辰生住到堂兄谢国桢家，也就是白塔寺锦什坊街小水车胡同一号。其兄谢国桢是我国著名明史专家。与其兄同住的日子里，潜移默化地培养了谢辰生对国学、历史、文化的热情，也为他日后欣然选择文物事业并为之奋斗一生留下了前后因缘。

就在回北平的当年，谢辰生到北平四存中学读初中一年级。四存中学，是以颜李学派的四存（即存性、存学、存治、存人）而命名的。它虽然以尊古读书为帜，实际上是一所半军事性的学校。学校实行"三八制"，即八小时上课学习，八小时进行军事训练，八小时休息。可惜好景不长，公元 1937 年，十五岁的谢辰生因日寇侵略，父兄远走，家庭拮据，不得已休学一年。后又在四存中学读初中二年级，公元 1939 年终于初中毕业。

二、青年时代投奔延安未果

公元 1940 年，十八岁的谢辰生开始在四存中学读高中，直到二十岁，但未毕业。谢辰生经常背诵："大道之行也，天下为公。选贤与能，讲信修睦。故人不独亲其亲，不独子其子，使老有所终，壮有所用，幼有所长，鳏寡孤独废疾者皆有所养……是谓大同。"他从小学习历史，长大后开始读进步书刊。艾思奇的《大众哲学》，用通俗的笔触，宣传马克思主义哲学的进步思想，常使青年时代的谢辰生热血沸腾。同时，兄长谢国捷和谢国振参加革命活动，也直接影响到他。这一切对谢辰生思想进步、了解共产党、向往延安，起到了重要促进作用。

谢辰生在二十岁（公元 1942 年）这年的暑假，到天津探亲。其间与堂兄谢国权和谢国桢女儿谢莹秘商约定前往延安，投身革命。家长们不让走，他们就秘密进行。没有路费，就拿着各自学费，又卖掉自行车凑好路费。三人约定谢国权、谢莹先走，谢辰生暂留北平断后。后来谢辰生与北师大女附中同学张洁璇、李寄松一起投奔延安，但是刚到安阳，张、李两位同学被赶来的家长带回北平。谢辰生决定只身前往，一路艰辛，终于抵达西安。时逢国民党胡宗南部队封锁延安。这一重大形势变化，是他事先不可能预想到的。他没能与共产党组织取得联系，又没有其他途径，只得滞留西安，以在商店当店员为生，等待着去延安的机会。

公元 1942 年秋，滞留西安的谢辰生作七律一首（图三）：

> 经年羁旅客长安，远隔重关人未还。
> 落叶凋零秋渐老，孤灯萧瑟夜初阑。
> 乡心已碎何由补，归梦犹浓且自宽。
> 极目京华云烟渺，几时光复旧河山。

秋叶飘零，寒意渐浓，客居西安的谢辰生独对孤灯，思乡心切，遥望故乡，更为惦念的是"几时光复旧河山"。转眼入冬，谢辰生仍在西安，又作《调笑令》一阙，以慰自己思乡之情（图四）：

> 红叶红叶，寄来纸儿上贴，何如折赠枝春，聊慰他
> 乡远人。人远人远，又是天寒岁晚。
> 红叶红叶，寄来纸儿上贴，遥忆旧院清秋，千里飘
> 零客愁。愁客愁客，两地相思系者。

公元 1943 年初，谢辰生仍滞留西安。春季，送别李未央夫妇，作《菩萨蛮》一阙表达离别不舍之情（图五）：

> 相知已恨相逢晚，而今又恨将离远，聚散太匆匆，
> 春风吹落红。
> 征人从此去，凝咽浑无语，重见更何年，人离月正圆。

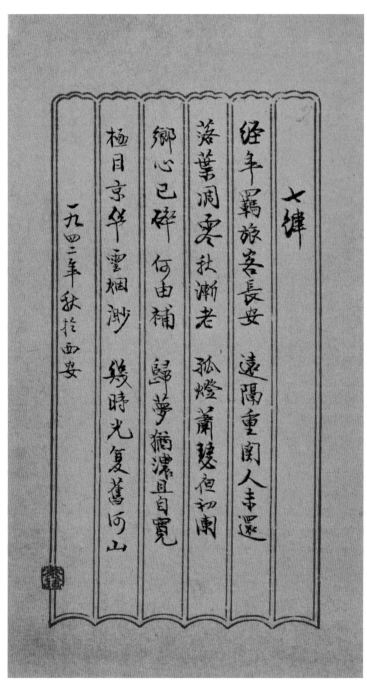

七律

经年羁旅客长安　远隔重关人未还

落叶凋零秋渐老　孤灯萧瑟夜初寒

乡心已碎　何由补　归梦犹浓且自宽

极目京华云烟渺　几时光复旧河山

一九四二年秋於西安

三　公元 1942 年秋，谢辰生于西安作七律一首。

四 公元1942年冬，谢辰生于西安作调笑令一首。

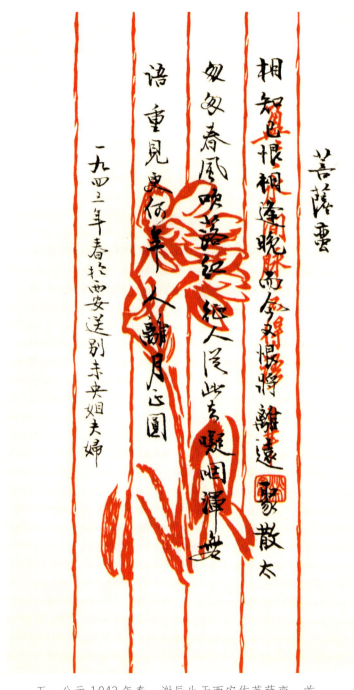

五　公元 1943 年春，谢辰生于西安作菩萨蛮一首。

七律

劫烟往事已蹉跎　　久客归来恨更多
父老无踪犹作客　　弟兄几度赋骊歌
三年奔走多荆棘　　万里风尘尽坎坷
烽火南迁伤半壁　　满怀壮志暗蹉跎

一五四年秋西行受阻於亳州

六　公元 1944 年秋，谢辰生于亳州作七律一首。

此后不久，几番努力没能去成延安的谢辰生迫不得已又回到北平。同年，谢辰生来到河南安阳，在安阳县立一小当老师。一边教书，一边等待机会。

公元 1944 年，二十二岁的谢辰生不忘初心，矢志不移，下定决心投身革命。他另觅途径，"满怀壮志渡黄河"，准备先去共产党领导的抗日根据地，再去延安。他中途受阻于安徽省亳州，作七律一首（图六）：

> 如烟往事已蹉跎，久客归来恨更多。
> 父老天涯犹作客，弟兄几度赋骊歌。
> 三年奔走多荆棘，万里风尘尽坎坷。
> 烽火南迁伤半壁，满怀壮志渡黄河。

公元 1945 年，谢辰生重返河南安阳。8 月 14 日，他作《满庭芳》一阕：

> 一霎西风，暗消残暑，小庭悄酿秋寒。星河低转，人静夜初阑。身似浮萍断梗，把归思，付泪轻弹。空怅望，一弯新月，无寐忆江南。
> 天涯伤迢递，聊凭尺素，强破愁颜。飘零后，赢得金缕衣宽。惆怅付于一醉，任韶华，随意阑珊。但频愿，早息烽火，人伴凯歌还。

这首《满庭芳》是谢辰生在抗日战争胜利之际所作，是他最得意的词作，还专门撰写了识语。几年来，谢辰生所作的一些诗词，是其"真情所至"，主旋律为忧国、言志、践行，"但频愿，早息烽火，人伴凯歌还"。他青年时所作诗词已展现出浓浓的爱国情怀和深厚的国学根底，为以后从事文物工作奠定了坚实的基础。

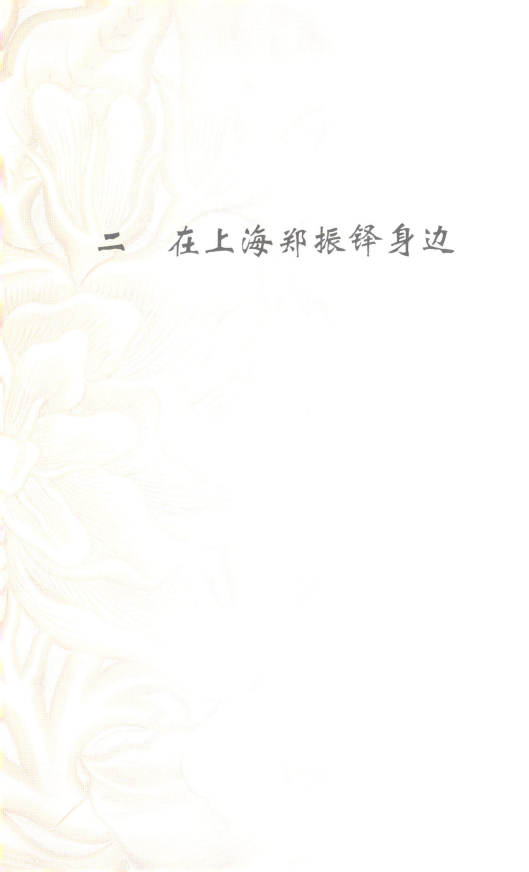

二　在上海郑振铎身边

一、偶遇郑振铎，与文物工作结缘

公元 1946 年，谢辰生大伯父谢宗夏（字锡成）在河南安阳病逝。他前往奔丧。与此同时，谢宗夏长子谢国桢从北平回乡奔丧，通过在延安的中共人士周扬联系，途经解放区后见到著名历史学家范文澜。范委托其到上海为共产党领导的北方大学购买图书。谢国桢在安阳料理完父亲丧事后对谢辰生说：你现在也没有什么事做，跟我去上海买书吧！谢辰生即随堂兄谢国桢一起前往上海。

当年春夏之交，谢辰生随谢国桢到了上海。第三天，文物鉴定家徐森玉请他们吃饭（图七），郑振铎作陪。老朋友多年不见，久别重逢，在吃饭时愉快地畅谈。郑振铎说自己很忙，很辛苦，

七　公元 1949 年，上海市文物管理委员会部分委员合影（右二为徐森玉）。

八　公元 1948 年 12 月，郑振铎在上海寓所书斋。

要接收敌伪侵占的文物，又要搞民主运动，办进步刊物《民主》《周报》，很需要人帮忙。徐森玉说谢辰生刚到，他一个年轻人，什么事也没有，又是刚主（谢国桢字）的弟弟，给你帮忙不是正好吗！

郑振铎，笔名西谛，祖籍福建长乐，北方交通大学毕业，是有名的大学者（图八）。谢辰生在高中时就知道郑振铎，对郑很敬佩和崇拜。面对这次际遇，千载难逢，决不可错失良机，他连忙急切地说：那太好了，太赞成了，那不等于给你当学生吗！郑振铎很高兴地说：那好啊，就这样吧。从此，谢辰生结识郑振铎，在上海开始当郑的秘书。正是郑振铎的这一决定，竟为谢辰生定下一生从事文物事业。

在上海郑振铎身边的几年，刚一开始是根据徐森玉的安排做一项重要工作，即参加编辑《中国甲午以后流入日本之文物目录》，同时为郑振铎办一些交办的事情。公元1946年底完成《目录》编制。公元1947年担任郑振铎秘书。该年初，受郑振铎委托，谢辰生和

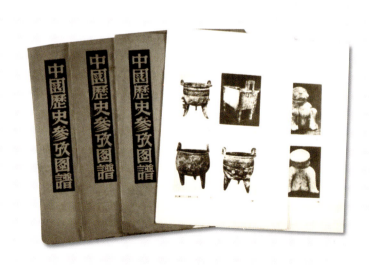

九　公元1947年至1951年间，郑振铎编辑印行了《中国历史参考图谱》。该书共二十四辑，收录了从上古到明清，共三千多幅图片，填补了中国历史教科书有文无图的空白。

孙家晋前往码头接收王世襄从日本横滨押运回国的一百零七箱善本书。在上海担任郑振铎秘书后，郑振铎的一些具体事务都由谢辰生去做。这在《郑振铎日记》里多有记录。例如，公元1948年2月9日记载："辰生来，交来托换之大票五百万。"3月24日记载："辰生送从美国寄来之包裹一个，手续至为麻烦，竟等候了近一天！"3月31日记载："即托辰生立即将支票存入新华。"

　　谢辰生在郑振铎身边，还有一部分重要工作是协助郑振铎整理藏书目录、文物资料，参与部分编纂《中国历史参考图谱》《韫辉斋名画录》和《域外所藏中国名画集》等。《中国历史参考图谱》是郑振铎编纂的中国第一部大型历史图谱，收录文物等图片三千余张。公元1946年，郑振铎筹资组成"《中国历史参考图谱》刊行会"，开始编辑图谱工作。该《图谱》由上海出版公司出版，公元1951年二十四辑全部出齐。编纂、出版《图谱》，具有重要历史、科学和艺术价值，在文史界、教育界产生了深刻而广泛的影响（图九）。

　　谢辰生在上海偶遇郑振铎，并在其身边工作。由于学习文物专业知识，了解文物工作，编辑文物方面书籍，使他深深地爱上了文物，并与文物工作结下了不解之缘。几年的学习与工作，既是为后来从事文物工作的智力储备，也是为文物工作积累经验和创造条件。谢辰生七十多年不忘初心、守护文物的历史从此开启！

二、编辑《中国甲午以后流入日本之文物目录》

　　编制《中国甲午以后流入日本之文物目录》（以下简称《目录》），是清理战时文物损失委员会京沪办事处的一项重要事项。抗日战争胜利后，民国三十四年（公元1945年）12月26日，国民政府行政院指示"战后文物保存委员会"更名为"清理战时文物损失委员会"。根据组织规程第三条，于第二年（公元1946年）确定了委员会成员名单，共计二十六

人，主任委员由教育部常务次长杭立武担任，副主任委员有陈
训慈、马衡、李济、梁思成。委员会为了更好地调查了解战
时文物损失情况，设立五个区办事处。京沪区包括南京、上
海、江苏、浙江、福建等省市，办事处设在上海，办事处代
表为清理战时文物损失委员会委员徐森玉，还有副代表等若
干人。

京沪办事处在做好该区战时文物损失调查的同时，由办事
处代表（也可称为主任）徐森玉邀请时任上海私立图书馆馆长顾
廷龙帮助编辑中国甲午以后流入日本之文物目录。顾廷龙（公元
1904~1998年），号起潜，苏州人，著名古籍版本学家、目录学
家和书法家，长期致力于古典文献学、版本学和目录学的研究。
曾任燕京大学图书馆中文采访主任。公元1939年与人共同创办上
海合众图书馆，任总干事。后兼任暨南大学、光华大学教授。新
中国成立后历任上海历史文献图书馆馆长、上海图书馆馆长、华
东师范大学兼职教授。顾廷龙"婉谢再三，而先生坚请，勉以应命"。
编制《目录》的第一人选确定后，最困难的是资料问题。在重庆时，
此事已有酝酿，由于资料缺失，难度很大，故没有开展。回到上
海后，顾廷龙"应命"编辑《目录》。他首先与有关人员全力搜集、
整理有关资料。翔实的资料是编制《目录》的基础，也是《目录》
质量的保证。经过艰难的工作，搜集资料共有一百二十二种。具
体来源，他在《目录》跋文中有明确记载："当时合众图书馆收
有四十种，亡友慈谿李君英年亦收有书画集二十种，余皆赏寓目
者遂以此为基础。又以番禺叶君恭绰借得十三种，徐先生亦有九种。
凡上海所不易得而又重要者，如河口慧师将来西藏品目录、原田
淑人的考古图编、大谷光瑞的西域考古图谱等十九种请北平图书
馆录目。如泉屋清赏、瓯香谱、陈氏旧藏十钟等十七种，则请燕
京大学图书馆录目。此外得张君政烺原稿一件，无锡华君绎之（巽）
处及来熏阁、富晋两书店各借得一种共得一百二十二种，时限较促，
不克广事搜采矣。"

编制《目录》是清理战时文物损失调查的往前延伸，更重要

的是为中国政府向日本开展战争赔偿、追索文物作准备的重要组成部分。在各种参考书等资料已具备时，由徐森玉延聘吴静安、程天赋、谢辰生等人为编辑，编辑工作由顾廷龙组织实施。顾廷龙与吴静安、程天赋、谢辰生共同研究，草拟体例，从事编纂。吴静安、程天赋因事一个月时间先后离去，编纂工作主要由谢辰生承担，直至完成。

按照拟定的《目录》体例，以一百二十二种著作中日本掠夺的中国甲骨、石器、陶器、古玉、铜器、刻石、丝绣、书画、写经、拓本、杂物、古籍等文物编制成《目录》。其中收录甲午战争以后至公元 1945 年抗战胜利前夕日本巧取掠夺的中国文物一万五千二百四十五件，大部分器物标出了高度、重量、口径尺寸、收藏之处以及依据的图谱书名简称、页码等。较为详细而明了。同时，《目录》列有附录。其一为乐浪郡王墓、乐浪土城、梁山夫妇冢等出土之文物，凡存于朝鲜总督府博物馆者。其二为"凡日本历年在华发掘，不能详知其所得古物，及后来收藏何处者，列为一表，以资调查"。经归纳，日本在中国挖掘、调查劫取文物的地区有：东京帝国大学考古学研究室在大同、平城、邯郸、赵王城、临淄、高邱、滕县、安阳、曲阜；东京东方文化学院在百灵庙、蔴池、和林淖尔、兖县；京都东方文化研究所在和林淖尔、安阳、大同·云冈、阳高；庆应义塾大学文学部"北支学术调查团"在安阳；兴亚院蒙疆联络部在浑善达克沙漠；外务省文化事务部在定襄、太原及附近、五台山、朔县、浑源、繁峙、崞县；兴亚院北支佛教史迹调查团在太原西北蒙山之清华寺之北太原西南交河县之石壁寺中寺；日本驻太原特务机关文化室在五台山；东亚考古大学院在开平·上都、旅顺；东京帝国大学理学部在夏县、同蒲线、周口店；华北综合调查研究所在河南平汉[线]沿线、曲阜；东亚文化协议会在曲阜；日满文化协会在集安高句丽遗迹；东京帝国大学考古学研究室与伪蒙自治区政府合组之"盛乐发掘团"在和林淖尔。上述日本一些单位在中国挖掘、调查古文化遗址、古墓葬、石窟寺、古建筑等，涉及我国东北三省、内蒙古、陕西、河北、山东、河南等广大地区。他们挖掘、劫取的文物到底有多少，"不能详知"，但对中国文物的掠夺破坏之严重确为铁的事实。《目录》将上述材料作为附录，作为历史铁证留存，至为重要！

经过九个月的艰苦奋战，到公元1946年底，精心编制的《目录》终于完成。《目录》由徐森玉主编，顾廷龙、谢辰生等编著。《目录》完成后，录存九份，除送交有关部门外，上海合众图书馆存两份。公元1948年12月出版的《第二次中国教育年鉴》比较详细地刊载《目录》编纂目的、经过、主要内容和价值等。现转录如下："编制《甲午以来流入日本之文物目录》，该会曾请外交部向远东顾问委员会及盟军驻日总部提出追偿我国文物意见书一种。其中主要要求，为自甲午以来，凡为日本掠夺或未经我政府许可擅自发掘之一切文物，均须由日本交还。该会深感在甲午以后，我国文物为日本巧取掠夺者，为数至夥。此次办理追偿，自亦应不以民国二十六年后之战时损失为限。而在此期间，凡为日本破坏，或因日本军事行动损失之物，则必须责令以同类或同等价值之实物赔偿。故除编制战时文物损失目录外，复编甲午以来流入日本文物目录以为交涉之依据。此项目录，由委员徐鸿宝（转录者注：徐鸿宝，号森玉）主编，历时九月，引用日本历年出版之参考书一二二种，计内列珍物一五二四五件，并将战争期间中日历次在我国之发掘编为附录。此项工作，除外交价值外，在学术上更有其重要贡献。"《目录》在当时配合中国外交上向日本追索中国文物发挥了重要作用，同时其本身也具有重要的历史价值、科学价值和文献价值。对《目录》主要编著者谢辰生个人而言，从事《目录》的编著工作是他开始从事文物保护研究工作的重要标志。

三、《目录》尘封与出版

《目录》编制完成，除了公元1948年在《第二次中国教育年鉴》上刊载，当时没有出版。《目录》副本仅存两份，中华人民共和国成立后顾廷龙将其中一份交上海图书馆保存，从此尘封。

三十多年后的一天，谢辰生收到顾廷龙来函，希望向国家文物局反映，可否将《目录》油印若干份，以使保存。《目录》虽价值重大，保存情况却堪忧。正如顾廷龙公元1981年2月22日在《目录》跋中写到的仅存的副本"复写字迹，日就退落。此目虽较简略，收藏情况亦必多变化，但以资料索引视之，未尝不足以供文物工作者之一览"。时任国家文物局局长任质斌得知后，十分重视，立即批准油印一百份，并安排研究室于秀华具体操办。经过两个多月的时间，终告完成，并由国家文物局分发各省、市、区图书馆、博物馆以及设有文博专业的大学。到此，《目录》保存状态得到改善，但并未彻底改变被尘封的命运。

《目录》正式出版是公元2012年。这时从油印《目录》算起，又过了三十年。这次出版起因于一次偶然发现："2011年秋，中西书局徐忠良同志在追寻王世襄先生1947年从日本追回一百零七箱珍贵宋元版古籍的相关线索过程中，获知谢辰生先生曾在1946年编纂《甲午以来流入日本之文物目录》，而且六十六年来从未出版的信息，即商请北京古籍出版社总编辑杨璐帮助，登门拜访谢辰生先生，荣幸地获得了原样影印出版的独家许可，谢老并慨允为《目录》的公开出版撰写《前言》"。谢辰生授权中西书局出版《目录》后，找到《目录》底本成为关键。公元1946年《目录》编制完成时复印的九份已不可得，只有以公元1981年油印本作为底本。让出版单位始料未及的是"在向多家国内博物馆、图书馆寻找1981年油印本时，竟然遍觅不得。只得转向谢老府上，请求谢老在家中翻查寻找。三个月后谢老才从国家文物局原来负责油印的于秀华同志处找到了她仅存的一部"。出版《目录》底本问题解决后，中西书局即精心组织实施《目录》按原样影印出版计划。公元2012年8月，一套三册（九卷）《中国甲午以后流入日本之文物目录》正式出版，使这部珍贵《目录》在编纂六十六年之后面世，具有重要的文献价值、学术价值、历史意义与现实意义。

公元 2012 年 9 月 15 日，中国文物学会、中国考古学会、国家图书馆和中西书局联合在故宫博物院举行了《中国甲午以后流入日本之文物目录》出版座谈会。《目录》的主要编著者谢辰生和有关领导、专家学者三十余人出席，与会者对《目录》编著者、出版社给予高度评价。

三　建国初期
在文物局的经历

一、文物局创建

公元 1949 年 10 月 1 日，中华人民共和国成立，中央人民政府各部相继组建。11 月 1 日，成立中央人民政府文化部，部内设一厅六局，文物局是六局之一。文化部文物局主管全国文物、博物馆事业和图书馆事业，当时的局长是郑振铎，副局长是王冶秋。文物局内设办公室、古物处（因古物不能包括革命文物，后来改为文物处，以下均称文物处）、博物馆处、图书馆处、资料室（图一○）。

公元 1949 年 5 月，上海解放，谢辰生仍在上海继续为郑振铎编辑《中国历史参考图谱》。8 月，郑振铎致函刘哲民等，商调

一○　新中国建立之初文物局机关办公地北海团城

谢辰生到北平工作。关于工作问题，郑振铎曾征求过谢辰生的意见："我把你带过来，是准备让你到文物局，但你有什么想法？"谢辰生几年来在郑振铎身边工作，耳濡目染，也想做研究、当学者，当然是满口答应。郑振铎觉得没看错人，也同时提醒他："文物的保护是第一位的，没有保护就没有研究，你搞文物保护也是个重要事，你就在这儿干吧！"这次对话，坚定了谢辰生一生走文物保护之路。

公元1949年9月，谢辰生在郑振铎的安排下到北平与王冶秋接洽，随后到北平市军事管制委员会文化接收委员会文物部报到。接待人员罗歌告诉他："你这就算是报到了，但是文物局还没成立，等成立以后你再来上班吧。"

公元1949年11月，谢辰生正式到文物局上班，被分配到文物处，当业务秘书。文物局成立之初，工作人员很少，只有从解放区来的于坚、王毅、李枫、罗歌、王宏钧等。于坚、罗歌在王冶秋筹备建立文物局时都是主要工作人员。于坚在博物馆处，王宏钧在图书馆处。当时文物局各处没有处长。郑振铎对文物局岗位配置很重视。按照他曾经的设想，文物处、博物馆处、图书馆处负责人分别由著名专家学者夏鼐、裴文中、向达担任，但夏鼐后来到中国科学院考古研究所任副所长（郑振铎任所长），向达又到北京大学图书馆任馆长，最终只有裴文中到任。

谢辰生所在的文物处的副处长是书画鉴定家张珩。处里其他工作人员还有林开健，林不久离开。后来文物处陆续来了一些干部，如罗福颐、徐邦达、傅忠谟、陈明达、罗哲文、顾铁符、马耕鱼等。文物局在北海团城办公时期，曾一度达到二十多人。这些人绝大多数是专业人员，其中副研以上的就有八、九人，他们后来都成了专家。就整个文物局来说也是业务干部所占比重较大，专业力量较强，为建国初期文物事业的快速发展储备了人才（图一一）。

建国之初，文物博物馆事业百废待兴，工作千头万绪。郑振铎、王冶秋就是在这种机构不健全、人员偏少的困难情况下，突出重点，

一一　公元 1952 年冬，文物局人员在团城承光殿前合影（最后一排右九为谢辰生）。

首先抓文物政策法规起草制订，为文物博物馆工作厘定规制，使文物博物馆工作的开展有所遵循。从文物局成立到公元 1951 年两年多的时间里，共起草、制订了十余件重要的政策法规。它们分别是中央人民政府政务院颁发《禁止珍贵文物图书出口暂行办法》的命令（1950 年 5 月 24 日），附《禁止珍贵文物图书出口暂行办法》；中央人民政府政务院规定古迹、珍贵文物、图书及稀有生物保护办法，并颁发《古文化遗址及古墓葬之调查发掘暂行办法》的命令（1950 年 5 月 24 日），附《古文化遗址及古墓葬之调查发掘暂行办法》；中央人民政府政务院关于征集革命文物的命令（1950 年 6 月 16 日）（图一二）；中央人民政府政务院《关于保护古文物建筑的指示》（1950 年 7 月 6 日）；中央人民政府文化部办公厅《关于各地组织土改干部进行学习时将有关之文物法令作为参考文件的通知》（1950 年 8 月 1 日）；中央人民政府文化部、内务部颁布《关于管理名胜古迹职权分工的规定》《关于地方文物名胜古迹的保护管理办法》的命令（1951 年 5 月 7 日），附“规定”、“办法”和《地方文物管理委员会暂行组织通则》；中央人民政府政务院《关于带有歧视和侮辱少数民族性质称谓、地名、碑碣、匾

中央人民政府政务院令

为徵集革命文物

中央革命博物馆，業已在京成立籌備處，正式開始徵集整理工作。各地區對一切有關革命的文獻與實物，刱應普遍徵集。近查各地已有個別進行此項工作之機構，茲為更好的組織此項工作的進行，特規定下列辦法，希即遵照辦理，並與中央人民政府文化部文物局革命博物館籌備處取得聯繫，將辦理情形隨時通知該處為要。

1. 革命文物之徵集，以五四以來新民主主義革命為中心，遠溯鴉片戰爭、太平天國、辛亥革命及同時期的其他革命運動史料。

2. 凡一切有關革命之文獻與實物如：秘密和公開時期之報章、雜志……

一九五〇年六月十六日

政文董字第二十四號

一二　公元 1950 年 6 月，中央人民政府政务院颁布《为征集革命文物》令。

联处理办法的指示》(1951年5月16日);中央人民政府文化部《关于对地方博物馆的方针、任务、性质及发展方向的意见的指示》(1951年10月27日)等。这一批最先制定的文物法规和政策,开启了中国文物法律制度建设的全新历程。

二、中华人民共和国最早两部文物法令

公元1840年鸦片战争之后,中国沦为半殖民地半封建社会,中国近代史实际上是一个可悲的被压迫被屈辱的民族史。祖先遗留下来的文物瑰宝跟国家的遭遇一样,受到极大损失和破坏。诸如战争中的文物劫掠、西方"文物考察"时的巧取豪夺、文物贩子的不正当交易甚至文物走私等种种行径,导致大量文物外流。资本主义国家既对我国在军事上侵略、经济上掠夺,同时也在文化上侵略和掠夺,文物的命运与整个国家和民族的命运休戚相通。清末和民国时期,当时的政府也制定了一些文物保护的措施和规定,但在当时政权不稳、主权不独立的艰难处境下,显得那么苍白无力,无数珍贵文物只得任由历史车轮无情碾压。

毛泽东主席曾在中共七届二中全会上的报告中说过:在我们掌握海关以后,那才是在帝国主义面前站起来了。所以,文物局成立之初首要的任务就是堵住海关口子,颁布文物保护法规成为当务之急。年轻的谢辰生到文物局工作后接到的第一个任务就是起草文物保护方面的法规。初来乍到的谢辰生对文物工作还不怎么了解,郑振铎就手把手地给他讲解,什么是文物工作,国际上文物工作的基本状况,应该怎样撰写法规文件,还给了他一些民国政府颁布的和一些国外的文物法规及相关材料作为参考。谢辰生听得很认真,翻阅材料很仔细,然后试着动笔草拟文件,并且拿着稿子跑去跟王冶秋副局长和当时代管文物处的博物馆处处长裴文中反反复复讨论,讨论之后再拿回来修改,然后送给郑振铎局长看。谢辰生最初参与起草的文件主要有三份:一是《禁止珍贵文物图书出口暂行办法》,二是《古文化遗址及古墓葬之调查

发掘暂行办法》（这两份文件在公元 1950 年 5 月 24 日同日颁发），再一个就是中央人民政府政务院《关于保护古文物建筑的指示》（公元 1950 年 7 月 6 日颁发）。自此之后，谢辰生见证了很多文物保护法律法规或政策文件的制定和颁布，其起草或参与起草的相关文件达五十余份。

公元 1950 年 5 月 24 日，中央人民政府政务院公布并施行《禁止珍贵文物图书出口暂行办法》（以下简称《暂行办法》）。这是新中国成立以来第一部文物法规。《暂行办法》开宗明义："查我国具有历史文化价值之文物图书，在过去反动统治时代，往往官商勾结、盗运出口，致使我国文化遗产蒙受莫大损失。今反动政权业已推翻，海陆运输均已畅通，为防止此项文物图书继续散佚起见，特制订《禁止珍贵文物图书出口暂行办法》。"《暂行办法》共十条，主要规定了以下内容：革命文献及实物、古生物、史前遗物、建筑物、绘画、雕塑、铭刻、图书、货币、舆服、器具等十一类文物图书禁止出口。对于其他可以出口的文物图书，出口地点仅限于天津、上海和广州海关，并设立文物鉴定委员会，对报运出口的文物进行鉴定。明确提出了建立文物出口的许可证制度和规范出境鉴定的标准。凡许可出口的文物图书由海关与邮局人员监视装箱，会同报运人加封，以防暗中调换。运往海外展览、交换等珍贵文物图书，须经政务院核准，并发给许可执照。对那些企图盗运文物出口的犯罪分子没收文物，并予以惩处。《暂行办法》的颁布，堵住了海关口子，从法制上控制了中国文物的非法出口，结束了中国文物被任意掠夺出境的历史。对于控制文物流失，谢辰生是有情怀的。当年参与编辑《中国甲午以后流入日本之文物目录》，他见过和记录了太多中国流失文物，而这仅仅是流入日本一国的。从世界范围来看，中国流失文物数量惊人。谢辰生深知颁布这个《暂行办法》的重大意义（图一三）！

新中国成立后的头三年，是国家建设的三年恢复时期。当时文物工作的首要任务，一个是对外禁止出口，另一个就是对内防止破坏。谢辰生参与起草的《古文化遗址及古墓葬之调查发掘暂失起見，暫制空禁止珍貴文物圖書出口暫行辦法院令頒發，希即轉令所屬遵照辦理為要。

附：「禁止珍貴文物圖書出口暫行辦法」

禁止珍貴文物圖書出口暫行辦法

第一條　為保護我國文化遺產，防止有歷史的、藝術的、文化的、美術的珍貴文物及圖書流出國外，特製定本辦法。

第二條　下列各種類之文物圖書一律禁止出口：

（一）革命文獻及實物。

（二）古生物：古代動植物之遺跡遺骸及化石等。

（三）史前遺物：史前人類之遺物遺跡及化石等。

（四）建築物：建築物及建築模型或其附屬品。

（五）繪畫：前代畫家之各種作品，宮殿、寺廟、塚墓之古壁畫以及前代其有高度美術價值之壁畫、漆繪等。

（六）雕塑：其有高度藝術價值之浮雕、雕刻、塑像、宗教的、禮俗的雕像，以及前代金、石、玉、竹、木、骨、角、牙、陶瓷等美術雕刻。

（七）銘刻：甲骨刻辭、璽印、符契、書板之雕刻等，及古代金、石、玉、竹、木、磚、瓦等之有銘記者。

（八）圖書：其有歷史價值之簡牘、圖書、檔案、名人書法、墨蹟及珍貴之金石拓本等。

（九）貨幣：古貝、古錢幣（如刀、布、鎹、鎹、安鈔、要鈔等）

一三　公元 1950 年 5 月，政務院頒發《禁止珍貴文物圖書出口暫行辦法》。這是新中國第一個保護文物的法令。

行办法》是新中国第一份对古文化遗址古墓葬调查发掘进行规范的文件，共计二十一条，其中一些基本内容成为以后该领域法规规定的基础。例如，第五条关于学术机构或群众团体必须具有田野考古之条件并经文化部和科学院批准并由中央人民政府文化部发给执照……始得进行发掘，第六条关于考古发掘团体应具有的条件，第七条关于考古发掘团体申请考古发掘项目时申请表格的内容，第八条关于发掘工作应注意的事项，第十三条关于考古发掘之后专业工作的要求，第十五条关于地下埋藏及发掘所得之古物、标本概为国有等，都是考古发掘及其管理工作的基本要求，是科学的和符合工作规律的。这些规定在此后制定的考古发掘法规和文物保护法律中都得到继承和完善。

我国拥有五千年绵延不绝的文明史，中国人民在与自然抗争的过程中创造出大量文物，其中包括传世文物，也包括出土文物。文物里面往往蕴含取之不尽、用之不竭的价值。传承文化，就要珍爱文物，珍爱文物不应仅限于欣赏，对文物价值进行深入的科学研究也是必不可少的。这才是对文物的真爱。但无论是欣赏还是研究，保护文物是基本前提。正所谓皮之不存毛将焉附？《禁止珍贵文物图书出口暂行办法》和《古文化遗址及古墓葬之调查发掘暂行办法》两份文件出台之后，直到公元 1966 年"文化大革命"开始，可以说大规模的文物走私和盗掘基本上是没有的。

三、参加抗美援朝

公元 1950 年下半年，谢辰生到华北人民革命大学（以下简称"革大"）学习。对从旧社会过来的知识分子来说，这是一次极好的学习机会。在学习中进行自我思想改造，以适应新社会，做好新工作，为人民服务。在这里，谢辰生积极学习，要求进步。与谢辰生同期在"革大"学习的还有王世襄、史树青、沈从文等，这些人后来在各自的文物研究领域里都是独领风骚。

美帝国主义侵略朝鲜战争爆发后，随着战争形势发展变化，中共中央和中央人民政府作出决定，组织中国人民志愿军开赴朝鲜，抗美援朝，与朝鲜人民军并肩作战，打击美国侵略者。与此同时，国内也开展了轰轰烈烈的抗美援朝运动，全国人民努力生产、努力工作，以各种形式支援中国人民志愿军。广大青年踊跃报名参军，争取参加中国人民志愿军，赴朝作战。这时，正在"革大"学习的谢辰生积极报名参军。他遗憾当年在抗战时期曾经一心想去延安，参加抗战，无奈途中受阻，没能成行。这次是千载难逢的报效国家的极好机会，他下定决心参军赴朝，完成夙愿。谢辰生如愿以偿，得到组织批准。一些与谢辰生一起在"革大"学习的学员，对他参加志愿军的决心和行动都给予热情鼓励与支持，并为他题词留念。文物局也为参加抗美援朝的同志佩花欢送，合影留念（图一四）。

　　一四　公元 1950 年冬，文物局欢送抗美援朝六位同志合影。
　　　　　胸前佩花者左起为王仁全、王守中、肖蕴如、谢辰生、
　　　　　刘恩湘、李枫。

一五　公元 1952 年 4 月 16 日，谢辰生从朝
　　　鲜前线寄给大哥大嫂惠存的身穿志愿
　　　军军服的照片。

　　谢辰生到中国人民志愿军后勤二分部政治部当了一名宣传干
事。公元 1950 年 11 月，他随所在部队来到朝鲜。谢辰生的工作
主要是拟定宣传工作计划，也管油印宣传小报，总之是做宣传工作、
思想工作（图一五）。几个月之后，他从朝鲜前线写了《从朝鲜
前线寄给祖国人民的一封信》，并发表在公元 1951 年 3 月 19 日
的《人民日报》。他在信中热情赞扬朝鲜人民和军队反对美国侵
略军的英勇事迹，热情赞扬祖国人民对志愿军的大力支持和前方

一六　公元1952年，靳以参加第二届赴朝慰问团,谢辰生(右一)与靳以在朝鲜德阳合影。

一七　公元1953年春,文化部文物局文物处同志与郑振铎局长在北海团城合影。前排从右至左依次为姚寿璋、罗哲文、陈明达、张珩、郑振铎、谢元璐、丁燕贞,后排从右至左依次为臧华云、徐邦达、谢辰生、张金铭、罗福颐、郑云回、傅忠谟、张良竹。

取得的胜利密不可分。谢辰生在这封热情洋溢的信中，还自豪地讲述了在战火中与朝鲜人民一起抢救文物的动人事迹。他写道："不久以前，我路过朝鲜李王曾经住过的遗址。那里现在是一个国立的历史博物馆，里面有一些明代的建筑。可惜这具有历史和艺术价值的文化遗产，就在我们到达的那天下午被敌机炸毁了！在火还燃烧的时候，我们几个同志冒火抢救出来一百多轴字画和一些陶瓷器。在那儿我偶然遇见了一个在博物馆里工作的朝鲜青年金增林。在他的屋子里，我发现了一本很难得的考古书——《乐浪》。我写汉字告诉他，这本书在中国是很珍贵的。他很惊讶我也懂得这些！当他获悉了我也是他的'同行'时，他又惊讶中国人民志愿军的组成是这样广泛，真是什么样儿的人都来支援他们哩！"

公元 1952 年 10 月，中国第二届赴朝慰问团在朝鲜德阳慰问志愿军部队，作家靳以也是慰问团成员。10 月 20 日，刚巧遇上同在朝鲜前线的谢辰生，两人都是喜出望外。他们是当年在上海结识的朋友，他乡遇故知，可谓人生一大喜事，免不了一番亲切交谈、合影留念。咔嚓，留下了一张十分珍贵的记录光荣历史的照片。对于此次邂逅，靳以印象深刻。他后来写道"在朝鲜与志愿军战士、老友郑振铎部下谢辰生合影留念"（图一六）。

公元 1953 年 4 月，谢辰生回国，走出战争硝烟，重返文化部社会文化事业管理局工作（图一七）。迎接他的同样是意义重大的工作，他在这里将为文物事业鞠躬尽瘁。几十年间，谢辰生始终本色不改，带着朝鲜前线的勇敢和乐观，拥抱即将面对的各种挑战，时刻准备像一名战士一样，为了心中的理想和热爱的事业冲锋陷阵。

四 文物法规和文物保护制度创建

一、文物保护制度的开创

公元 1955 年，全国各地陆续掀起农业合作化新高潮，国家建设气象出现了新变化（图一八）。一时间，打井、开渠、挖塘、修坝、开荒、修路、平整土地等各项农业生产建设迅速而广泛地进行。大江南北，全面开花，农业生产建设范围空前广阔。遍布全国地上地下的革命遗迹、古文化遗址、古墓葬、古建筑、碑碣、古生物化石等随时会与农业生产建设浪潮迎面相撞，其结果是有些地区在建设工程中已经发生了破坏文物的严重情况。此前在工

一八　公元 1956 年 9 月，文物管理局机关随文化部迁入朝内大街 203 号新址办公。

业建设中，配合建设进行考古发掘等文物保护工作就已经应接不暇了，目前情况下文物保护问题变得更加突出。为了解决这个问题，适应农业合作化高潮新形势，文物局以谢辰生为主起草应对文件。起草之初，有一个争论的焦点是这时候的建设跟基本建设时期有什么不同，最后大家统一了认识，认为作为建设是相同的，但是从影响面来说，现在是波及全国的。文件很快起草出来，公元 1956 年 4 月 2 日，由国务院下发到各省、自治区和直辖市人民委员会。这就是《国务院关于在农业生产建设中保护文物的通知》（以下简称《通知》）。

　　《通知》要求地方各级人民委员会必须在既不影响生产建设、又使文物得到保护的原则下，采取紧急措施，大力宣传，在农业生产建设中开展群众性的文物保护工作。并提出了几点具体要求。在文件起草之时，就认识到了大规模的农业生产建设中农村的文物保护已经不是少数文化工作干部和考古发掘力量能够胜任了，所以在《通知》中最先提出的就是发动群众。其中指出"必须发挥广大群众所固有的爱护乡土革命遗址和历史文物的积极性，加强领导和宣传，使保护文物成为广泛的群众性工作"。《通知》还要求"可以根据各地不同情况，在群众自觉自愿的原则下，把其中积极分子组成群众性保护文物的小组，同文化部门密切联系，进行经常保护工作"。此后，各地群众性文物保护组织普遍建立，文物保护员队伍渐成规模，在文物保护中发挥了重要作用。这些做法已经被写入法中，深入民心。

　　第二是要求地方各级人民委员会将文物保护工作纳入农村建设全面规划之中，提出"一切已知的革命遗迹、古代文化遗址、古墓葬、古建筑、碑碣，如果同生产建设没有妨碍，就应该坚决保存。如果有碍生产建设，但是本身价值重大，应该尽可能纳入农村绿化或其他建设的规划加以保存和利用。"考虑到与农业生产建设最容易产生矛盾的是大型古代文化遗址，也就是后来常说的大遗址，《通知》中专门列举出诸如安阳殷墟、易县燕下都、鲁国故城、高昌故城等十几处重要的古代文化遗址，明确要求

> 國务院关於在農業生產建設中
> 保护文物的通知
> （1956年4月12日國三文普字第6号）
>
> 各省、自治区、直辖市人民委员会：
>
> 在全國農業生產的高潮中，打井、开渠、挖塘、修坝、开荒、筑路、平整土地等各項農業建設，正在迅速而廣泛地進行。由於我們歷史悠久，被保存在地上地下的革命遺迹、古代文化遺址、古墓葬、古建筑、碑碣、古生物化石遍布全國。其中有許多是非常珍貴的，是对我國歷史和文化進行科学研究最宝貴的資料，也是向廣大人民進行爱國主义教育极有力的实物例証。但是目前有些地区在上述建設过程中已經發生了破坏文物的嚴重情况。地方各級人民委員会必須在既不影响生產建設、又使文物得到保护的原則上，採取緊急措施，大力宣傳，在農業生產建設中开展羣众性的文物保护工作。

一九　公元 1956 年 4 月，国务院发布《关于在农业生产建设中
　　　保护文物的通知》，重申"重点保护，重点发掘，既对文
　　　物保护有利，又对基础建设有利"的"两重两利"原则，
　　　并第一次提出了文物普查和建立文物保护单位的要求。

在上述地址进行农业生产基本建设规划的时候必须征得文化部同意。同样也提到历次革命战争中重要纪念价值的地点，即革命遗迹也应照此保护。在这个文件中已经十分重视并且突出了大遗址的保护。

那么什么样的是具有重大价值的文物呢？为了明确这个问题，《通知》第三点规定必须在全国范围内对历史和革命文物遗迹进行普查调查工作，要求各省、自治区、直辖市提出保护单位名单、报省（市）人民委员会先行公布，文化局先就已知的重要文物通知县、乡做出标志，并且在普查过程中逐步补充，分批

分期地由文化部报告国务院批准，置于国家保护之列。被确定的文物保护单位，由文化部进行登记。各地农业生产合作社对本社范围内的文物保护单位负有保护责任。这部分规定提出了文物普查调查及其基本工作方法，之后在全国开展了第一次文物普查。谢辰生用较多的时间在侯马参与这项工作，同时提出公布文物保护单位，对文物保护单位的审批、公布、设立标志、确认保护责任主体做出具体规定，成为建立文物保护单位制度的雏形。

此外，《通知》还提出地下蕴藏的文物为全民所有。在农业生产建设中，任何单位和个人如果发现文物都应立即报告当地文化部门。保护文物者应得到表扬或奖励，破坏文物者将承担相应责任。发现文物报告制度、文物保护奖惩制度从此初步确立。

《关于在农业生产建设中保护文物的通知》在文物保护理论和制度建设上是一份具有里程碑意义的重要文件。文件中提出的群众保护文物、大城址（大遗址）保护、开展文物普查、公布文物保护单位等都是从实际国情出发，都是开创性的，体现了文物保护的中国特色之路。多年以后，谢辰生始终认为，这个《通知》是奠定其后文物工作基础的一个很重要的文件。虽然之前为配合基本建设提出"两重两利"的方针，而真正的具体措施是在这个文件里提出来的。但是，这些重要价值和意义以前讲得不够，重视也不够，没能系统论述这个文件的重要性（图一九）。

研究中国特色文物保护之路，研究中国特色文物法律建设及其历史，应把它放在大的环境中，从国家整体发展的环境下来认识、来研究。中华人民共和国成立以后，前几年搞新民主主义社会建设，经济目标是实现工业化。公元1956年构建社会主义经济基础和上层建筑后，进入全面建设社会主义时期，包括经济、政治、文化等方方面面的建设。公元1956年发布的这个保护文物的通知，应是开始全面建设社会主义文化的重要组成部分，是构建社会主义上层建筑的组成部分。

二、改变文物纯商业性质，制定文物出口鉴定标准

公元 1960 年 9 月 24 日，国务院批复文化部、商业部、对外贸易部所报改变文物商业性质和管理体制的方案，原则上同意上报方案。公元 1960 年 10 月 17 日，三部委联合下发《关于研究执行"关于改变文物商业性质和管理体制的方案"的通知》，要求各省（市、自治区）文化局、商业局（厅）、外贸局研究执行并会商办理。这是改变文物纯商业性质和管理体制改革的一份重要历史文献，谢辰生参加了文件起草工作。

文化部、商业部、对外贸易部提出的改变文物商业性质和管理体制的方案，主要内容如下：第一，改变文物商业性质及今后任务。1、改变性质。改变各地文物商业的纯商业性质为实行企业经营管理方法的文化事业单位，作为收集社会上流散文物的收购站和临时保存所，统一划归各地文化部门领导。2、今后任务。负责收集流散在社会上的传世文物，并有计划地供应各地博物馆、研究机关和学校作为陈列或研究参考之用。有计划、有选择地供应国内需要和适当地组织出口，并办理废旧物资中的拣选工作。第二，业务范围。主要经营收集具有历史、艺术、科学价值的金石、书画、陶瓷、碑帖等各种传世的历史文物。

当年提出改变文物纯商业性质和对文物商业管理体制进行重大改革，是由一件特殊事件引起的。公元 1959 年，北京方某把不应该出口的文物出口了，他还胡说是定陵出土的文物。那时候正是我国的经济困难时期，美国《时代》杂志趁机刊文指出中国没有钱了，在卖文物，把发掘出土的定陵文物都卖出去了。这完全是造谣，影响很不好，后来方某也被拘留。文物局得知这件事后，经研究提出文物商业是不是应该改变一下性质。那时文物商业一部分归商业部门，一部分归外贸部门，需要整顿一下，完全归文化部门。因此，就有了后来三部委报国务院改变文物纯商业性质、改革文物商业管理体制、统一归文化部门负责领导的文件。文物局在讨论时普遍认为，文物商店是保护

文物的措施，是利用经济手段保护文物的机构，不是纯粹的文物经营单位，所以不能归商业部门。否则就是追求利润，文物成为单纯的商品，保护文物的初衷就可能泡汤。谢辰生始终认为：改变文物商业性质就是改革；改变文物商业管理体制就是文物商业管理体制的一次重大改革。

公元 1960 年，文化部和对外贸易部还制定了《关于文物出口鉴定标准的几点意见》和《文物出口鉴定参考标准》作为改变文物商业性质和管理体制的重要配套措施。谢辰生也参加了这项重要工作。《关于文物出口鉴定标准的几点意见》共列十项，主要有"一、以 1949 年为主要标准线，凡在 1949 年我国人民革命胜利以前制作、生产或出版的具有一定历史、科学和文化艺术价值的文物、图书原则上一律禁止出口"。"二、革命文物不论年限原则上一律禁止出口"。"三、凡是有泄露国家机密，或歪曲、丑化我国人民，或政治上有不良影响的文物、图书一律禁止出口"。"四、少数民族的文物，1949 年以前生产的暂时一律不出口"。"六、对于有计划组织出口的一般文物，应根据文物的类别，分别划定以下两个不同的年限：（一）一部分以 1795 年为限（即清代乾隆六十年为限），凡 1795 年以前的一律不准出口。（二）一部分以 1911 年为限（即清代宣统三年辛亥以前为限），凡 1911 年以前的，一律禁止出口"。与此同时，还制定了《文物出口鉴定参考标准》。该标准前有七点说明，后以表格形式详细列出文物二十一大类。有些大类之下还列出小类，计有六十三小类。如第十四大类器具类，又列出了生产工具、兵器、乐器、仪仗、度量衡、法器、明器、仪器、家具、铜器、铁器、银器、金器、瓷器、陶器、漆器、织物、地毯、钟表、烟壶、扇子（包括扇骨）等二十二小类。

制定《关于文物出口鉴定标准的几点意见》和《文物出口鉴定参考标准》，是文物管理制度的创举。《文物出口鉴定参考标准》不仅是文物出口鉴定的第一个细化标准，开启了制定文物工作标准先河，也是新中国文物管理工作中第一个比较具体的标准，对防止文物外流，把住海关出口有重大作用。其重大价值还在于奠定了文物出口鉴定标准的基石。公元 2007 年 6 月 5 日国家文物局发布的《文物出境审核标准》就是以此为基础制定的。参与制定上述两个文件的谢辰生认为，我国制定的文物出口鉴定参考标准是先进的、是有灵活性的。比如，列宁命令十月革命以前的全是文物，这个标准显得有些绝对。我国没有这样规定，《文物出口鉴定参考标准》中划了三条线：第一，原则上公元 1949 年以前的都是文物，但是其中还有两条线，一条就是公元 1795 年，也就是乾隆六十年，乾隆六十年以前的文物一律不许出口；公元 1795 年到 1911 年期间，若干品种是可以出口的，而且在出口的时候还要鉴定，国内存量少、价值大的也不能出口。所以说这个标准是严格的，又是灵活的。公元 1911 年到 1949 年又有若干品种，原则上可以出口，但经过鉴定，其中特别好的、重要的还是要留下来。谢辰生认为，这个鉴定参考标准比其他一些国家禁止珍贵文物出口的规定要科学、细致，并且实事求是。现在还应很好坚持它的原则，当然也可以根据实际情况对个别门类做出调整。

三、起草中华人民共和国第一部文物综合法规

公元 1957 年 11 月 13 日，《人民日报》发表社论，吹响了"大跃进"的号角。此后，全国各条战线的"大跃进"建设如火如荼。文物行业自然也加入了"大跃进"的行列，提出"一车黄土一头牛，就办一个博物馆"，考古发掘要"一边搞发掘，一边整理，一边写报告"等违背事业发展科学规律的冒进口号。

不过，王冶秋等文物局负责人很快就敏感地察觉了这种冒进倾向。从公元 1959 年开始总结公元 1958 年的错误，经研究，由谢辰生起草了《文物保护管理暂行条例》（以下简称《暂行条例》）。从中华人民共和国成立以来直到公元 1958 年，颁布的所有文物领域文件都是针对具体工作，现在要把这些文件综合起来形成一个系统的综合性文件。《暂行条例》就是矫正"大跃进"错误的具体成果，其要旨就是加强法制建设，加强管理制度，坚决不能搞"大

二〇 公元 1961 年 3 月，国务院印发《关于发布〈文物
保护管理暂行条例〉的通知》，规定文物保护的对
象、范围以及文物古建筑在进行修缮、保养的时候，
必须严格遵守恢复原状或者保存现状的原则，提出
文物保护单位应有保护范围、标志说明、记录档案、
保管机构（即"四有"），为我国文物保护法律体系
的建立奠定了基础。

跃进"。

公元 1960 年 11 月 17 日，国务院召开 105 次全体会议，讨论
并通过了《暂行条例》（图二〇）。此时的《暂行条例》已经是
谢辰生修改的第 11 稿。《暂行条例》经由国务院 1961 年 3 月 4
日发布并施行。此条例公布后，中央人民政府政务院和国务院之
前发布的有关文物保护管理的法规，除保护稀有生物和古生物化
石的规定仍继续有效外，一律废止。《暂行条例》是一部综合性
文物法规，直至公元 1982 年 11 月 19 日因为《文物保护法》的实
施而被废止。其主要内容有以下几个方面：（1）现在地下遗存的

文物都属于国家所有。（2）国家保护文物的范围：与重大历史事件、革命运动和重要人物有关的、具有纪念意义和史料价值的建筑物、遗址、纪念物等；具有历史、艺术、科学价值的古文化遗址、古墓葬、古建筑、石窟寺、石刻等；各时代有价值的艺术品、工艺美术品；革命文献资料以及具有历史、艺术和科学价值的古旧图书资料；反映各时代社会制度、社会生产、社会生活的代表

二一　公元 1961 年 3 月，国务院印发《关于公布第一批全国重点文物保护单位名单的通知》，公布第一批全国重点文物保护单位共一百八十处。首次对"文物保护单位"的内容进行界定，并选择重要文物，根据其价值大小，报人民政府核定公布为全国重点文物保护单位、省级文物保护单位和县（市）级文物保护单位。这标志着我国对不可移动文物所实行的文物保护单位制度据此确立。

性实物。（3）分级公布文物保护单位，在保护范围内不得进行其他建设工程。在进行大规模建设工程时，在工程范围内进行勘探，对发现的文物妥善处理。不是配合建设工程的考古发掘，须报经批准。（4）在纪念建筑、古建筑、石窟寺等维修工程中，遵守恢复原状或保存现状的原则。（5）文物保护单位中的古建筑、纪念建筑，除可建立博物馆、保管所或辟为游览场所外，须作其他用途，应经批准，使用单位要严格遵守不改变原状的原则。（6）加强文物商业管理，拣选掺杂在废旧物资中的文物。（7）一切具有历史、艺术、科学价值的重要文物，除国务院批准运往国外展览、交换外，一律禁止出口。

公元 1960 年与《文物保护管理暂行条例》同时上报国务院的还有第一批一百八十处全国重点文物保护单位名单。谢辰生参与了名单的拟定，并起草了《国务院公布第一批全国重点文物保护单位名单的通知》（图二一）。此通知要求做好文物保护单位的"四有"（即有保护范围，有标志说明，有记录档案，有人保管）工作，这是加强文物保护单位保护管理的基础。为什么叫"文物保护单位"？这是由于谢辰生等同志当时借鉴了苏联的叫法，把认为应该重点保护的不可移动文物称为文物保护单位。当时由陈毅副总理主持了国务院讨论全国重点文物保护单位名单的会议。他提出在保护文物的问题上宁可保守，不能粗暴。因为文物一旦错拆错毁，将永远不可弥补。还要保持文物的古趣和野趣，古趣的"古"就是古代的"古"，野趣就是原貌，不可以对文物进行社会主义改造。周恩来总理也提到，文物保护单位一个是要有物可看，一个是要有事可讲，必须要说出它的价值。两位国家领导人的话对谢辰生产生了很大影响，此后他还反复提到这些观点，并化作实际行动。在挖掘机驶向古遗址古墓葬的时刻，在拆除古建筑古城墙的大锤落下之时，在各种文物违法行为暗流涌动之际，谢辰生多次疾呼，并以笔为武器投身保护文物的战斗，甚至不顾个人安危。保护文物的意念，激励着谢辰生即使在与病魔斗争的耄耋之年，抑或在视力急剧下降的鲐背之年依然勇当文物抢救保护先锋，实在不愧为坚定的文物守护人。保护文物的观念，早已经内化为他不竭的斗志，伴其一生。

公元 1964 年文化部进行整风，有人根据毛泽东主席《在延安文艺座谈会上的讲话》中提出的"政治标准第一、艺术标准第二"的文艺批评原则套用到文物工作中，认为《文物保护管理暂行条例》规定的保护标准是要按照文物本身的历史、艺术、科学价值大小来决定，没有阶级性，应予否定。对于这种说法，谢辰生在致领导的信中引用毛泽东主席说的"盲目地表面上完全无异议地执行上级的指示，这不是真正在执行上级的指示，这是反对上级指示，或者对上级指示怠工的最妙方法"，反驳道"我认为《文物保护管理暂行条例》规定的以历史、艺术、科学价值作为保护的标准是恰当的，不宜代之'政治标准第一，艺术标准第二'。因为我们国家颁布的命令，不言而喻，就是要求用马克思主义的观点来评价历史、艺术、科学价值，不能在这里抠字眼"。谢辰生还认为"保护文物就要看得更远些，因为'政治'这个概念，在不同时间、地点、条件下是有其不同的具体内容的"。"保存什么，不仅要考虑今天的需要，而且还要考虑到明天的需要……问题要具体分析，不能绝对化"。

四、建设配套文物保护专项法规

文化部根据《文物保护管理暂行条例》规定，公元 1963 年 4 月 17 日颁发了《文物保护单位保护管理暂行办法》，公元 1963 年 8 月 27 日颁发了《革命纪念建筑、历史纪念建筑、古建筑、石窟寺修缮暂行管理办法》，公元 1964 年 9 月 17 日发布经国务院批准的《古遗址、古墓葬调查、发掘暂行管理办法》。它们是根据《暂行条例》和总结中华人民共和国成立以来文物保护实践的主要经验制定的，初步形成了以《暂行条例》为依据的一套中国文物法规。这三部配套法规文件，都是由谢辰生参与起草的。这一时期，他年富力强，家庭幸福美满（图二二）。

二二　公元 1963 年，谢辰生与夫人胡清源合影。

（一）参与起草《文物保护单位保护管理暂行办法》

《文物保护单位保护管理暂行办法》对文物保护单位的保护管理工作内容做出了基本规定，特别是最早提出对文物保护单位的"四有"工作规范，奠定了"四有"工作的基础。

这个暂行办法共十条。第一条明确规定根据公元 1961 年《暂行条例》制定。第二条规定了各地应对本地区文物进行调查、研究，做出记录，提出必须"就原地保护的文物"进行分类排队，根据价值大小，按《暂行条例》规定的标准和程序公布为文物保护单位。第三条规定了对文物保护单位应做的四项工作。第四条规定了划定保护范围和具体保护要求。特别应指出的是，规定了"有些文物保护单位，需要保护周围环境的原状，或为欣赏参观保留条件，在安全保护区外的一定范围内，其它建设工程的规划设计应注意与保护单位的环境气氛相协调"。这一保护思想和保护文物环境理念是一个重要创新，是超前的。同时，它也是《文物保护法》规定在有些文物保护单位保护范围之外划出建设控制地带的基础。第五条关于标志说明内容的规定。第六条关于科学资料档案内容的规定。第七条关于保管机构应进行的保护管理工作规定等，都是做好这些工作的依据。也奠定文物保护单位"四有"工作规范的基础。在这里还要特别指出，文物保护单位的"四有"工作是对我国古代保护古迹有效传统做法的继承和发展。例如，《关中胜迹图志》就有记载："令各守土者，即其邱陇茔兆，料量四至，先定封域，安立界石，并筑券墙，墙外各拓余地，守陵人照户给单，资其口食，春秋享祀，互相稽核，庶古迹不就湮芜。"第八条对使用文物保护单位的组织应进行的工作列出五项。第九条是对文物行政部门的工作规定。

（二）参与起草《革命纪念建筑、历史纪念建筑、古建筑、石窟寺修缮管理暂行办法》

公元 1963 年 8 月 27 日，文化部向各省（市、自治区）文化局（厅）颁发《革命纪念建筑、历史纪念建筑、古建筑、石窟寺修缮暂行管理办法》的通知，指出根据《文物保护管理暂行条例》第十六条的规定，为了加强对文物建筑修缮的管理、提高修缮质量，制定了《革命纪念建筑、历史纪念建筑、古建筑、石窟寺修缮暂行管理办法》，要求研究执行。本办法自公布之日起施行。公元 1986 年 7 月 12 日，文化部发布《纪念建筑、古建筑、石窟寺等修缮工程管理办法》，本办法同时废止。

此项办法共十二条，将革命纪念建筑、历史纪念建筑、古建筑、石窟寺的修缮工程分为经常性的保养维护工程、抢救性的加固工程、重点进行的修理修复工程三类，同时分别规定了各类工程的具体范围及其工作要求。

从两个管理办法的规定观察，在保护修缮工程中，"经常性的保养维护工程"始终是其中之一，并没有在某个时期被排除在外。这是保护修缮文物规律和法规一惯性使然，保养维护也是我国保护古迹的优良传统。

（三）参与起草《古遗址、古墓葬调查、发掘暂行管理办法》

国务院于公元 1964 年 8 月 29 日批准了《古遗址、古墓葬调查、发掘暂行管理办法》，文化部于同年 9 月发布。关于古遗址、古墓葬调查，此项办法要求各省、自治区、直辖市文化行政部门有计划地对本地区内的古遗址、古墓葬进行调查，并将调查的重要发现和收获及时报告文化部。高等学校或其他单位拟对古遗址、古墓葬进行调查的，必须征得调查地区的省、自治区、直辖市文化行政部门的同意，并将调查的重要发现和收获及时告知省、自治区、直辖市文化行政部门。

关于古遗址、古墓葬发掘，此项办法规定只有两种情况才能进行：一是为解决学术问题进行的考古发掘；二是在工业、农业、水利、交通、国防、城市建设等基本建设工程范围内，配合工程进行的考古发掘。对于前一种情况进行了严格限制，首先考古发掘主体只能是各省文物管理委员会、文物工作队、博物馆、高等学校和学术团体等单位；其次发掘之前要经发掘地区的省、自治区、直辖市文化行政部门许可，征得发掘地点的土地使用单位或个人同意，还要取得文化部会同中国科学院审核批准后发给的考古发掘执照；另外对发掘中重要发现的处理、发掘结束后的土地平整、撰写发掘报告等工作都有明确要求。

最后，此项办法还特别规定了非经国务院特许，任何外国人和外国团体都不得在我国境内进行或参加考古调查和发掘工作。即使是经特许发掘，发掘出土的文物、标本和有关资料统归中华人民共和国所有。这一规定对防止我国文物流失起到了有力的保障作用。在谢辰生的心中，中国近代史上西方学者对我国非法考察带走大量珍贵文物的历史决不能重演。

这一办法是对公元1950年《古文化遗址及古墓葬之调查发掘暂行办法》的继承和发展，坚持了考古调查、发掘及其管理的规律和科学要求，对进一步提高考古调查、发掘及其管理水平，有效保护古遗址古墓葬及出土文物都有重要价值和意义。

五 "文化大革命"时期保护、恢复和重建文物工作

一、"文化大革命"初期保护抢救文物

公元 1967 年 1 月 27 日，呼啸的西北风寒气逼人，根据中央领导指示，在全国政协礼堂召开了一次群众大会，北京市所有群众团体都要求参加。大会的中心内容就是要求保护文物，文物不是"四旧"，不能砸文物。会议要求文化部门起草一个保护文物图书的呼吁书，谢辰生正是这份呼吁书的实际起草人。就在谢辰生起草呼吁书后不久，也就十来天的功夫，一个身穿军装的人突然来找他，来人自称是中央文革派来的。这次来主要是想请他代中共中央起草一份关于文物保护的文件，由中共中央颁发。谢辰生虽然不清楚到底是哪位中央领导的指示，但是心里十分高兴，毕竟是中央要下发文件保护文物。

很快，谢辰生把文物局的人都召集到一块儿，传达了中央文革的这个命令，并且表示一定要把这个任务完成好。当时参加会的罗哲文等人听了，也都觉得这是个好事，开始积极地讨论起来。会后，谢辰生根据大家意见，起草了一个关于文物保护的中央文件。公元 1967 年 5 月 14 日，中共中央以中发（67）158 号发出《关于在无产阶级文化大革命中保护文物图书的几点意见》，文件共有七点意见。这是"文化大革命"时期由中共中央发的唯一一份保护文物的文件，曾发挥了重要作用，具有重大历史价值（图二三）。

不得不提的是，谢辰生在文件起草过程中遇到了一件难办的事。当时的情况下，公元 1961 年颁发的《文物保护管理

中共中央关于在无产阶级文化
大革命中保护文物图书的几点意见

中发〔67〕158 号

伟大的无产阶级文化大革命,以排山倒海之势,雷霆万钧之力,荡涤着几千年遗留下来的一切污泥浊水。它将和一切旧思想、旧文化、旧风俗、旧习惯实行最彻底的决裂,同时,还将要保留历代劳动人民所创造的文化的精华,从而在新的基础上创造出为过去一切时代都望尘莫及的极其辉煌灿烂的新文化。

我们的国家,是一个历史悠久而又富于革命传统和优秀遗产的国家,保存下来的文物图书极为丰富。这些文物图书都是国家的财产。在文化大革命中,应当加强保护和管理工作。要防止一小撮走资本主义道路的当权派和社会上的牛鬼蛇神,乘机进行破坏活动。为此,对保护文物图书,提出如下几点意见:

一、全国各地革命遗址和革命纪念建筑物必须坚决保护,并且应当保持原状,目前不要进行大拆大改。一定要在宣传中高举毛泽东思想伟大红旗,使它们成为宣传毛泽东思想的重要阵地。

二、各地重要的有典型性的古建筑、石窟寺、石刻及雕塑壁画

二三　公元 1967 年 5 月,中共中央发布《关于在无产阶级文化大革命中保护文物图书的几点意见》。这个文件对文化大革命中的文物保护工作起了重要的作用。

暂行条例》已经被造反派扣上了修正主义的大帽子，是被否定的东西，这次文件中就不能直接拿来用了。但是，谢辰生认为《暂行条例》中的规定是正确的，应当坚持，于是他采用了迂回战术。他在开篇表示同传统的观念实行最彻底的决裂，扫荡一切污泥浊水，表达坚决的革命态度之后，又旗帜鲜明地提出"我们的国家，是一个历史悠久而又富于革命传统和优秀遗产的国家，保存下来的文物图书极为丰富。这些文物图书都是国家的财产，在文化大革命中应当加强保护和管理工作"。随后自然引出了"为此，对保护文物图书，提出如下几点意见"。这些意见中的内容基本就是《暂行条例》规定的另一种表达。

《意见》第一、二、三点要求对全国各地革命遗址和革命纪念建筑必须坚决保护，并且应当保持原状，各地重要的有典型性的古建筑、古文化遗址、古墓葬等各类文物古迹也应当注意保护。第三点强调地下文物概归国有，出土文物应一律交当地文化部门保管。凡是出土的古代金银器皿各地人民银行不要收购，已收购的应当交由文化部门进行保管。第四点要求不要随便烧掉有毒书籍。第五点要求各地革命委员会或军管会对破四旧过程中查抄的文物（如铜器、陶瓷、玉器、书画、碑帖、工艺品等）和书籍、文献、资料进行清理，集中保存，勿使毁坏。第六点要求各炼铜厂、造纸厂、供销社废品收购站对于收到的文物图书一律不要销毁，应当经当地文化部门派人鉴定和拣选后，再行处理。这些都是正在遭到比较严重的破坏、急需得到保护的文物图书。最后《意见》又强调了各地博物馆、图书馆、文管会、文物工作队（组）、文化馆、文物商店、古籍书店所藏文物图书都是国家财产，一律不要处理或销毁，应当妥善保管。

《意见》还对保护文物图书的原因从历史和发展的视角作出了解释。对于古建筑、石窟寺、石刻及雕塑壁画"目前不宜开放的，可以暂行封闭，将来逐步使这些地方成为控诉历代统治阶级和帝国主义罪恶的场所，向人民群众进行阶级教育和爱国主义教育"；

对于"有毒的书籍","要作为反面教材,进行批判"。这些规定也从一个侧面反映出谢辰生对于如何古为今用,如何处理政治标准与发挥文物作用之间关系问题的态度。他认为即使在当前看来有政治问题的文物,也不能就不保存了,而应当作为资料保存。政治是一个动态的概念,应该用发展的眼光看待政治。问题的关键不在于文物本身,而在于从事文物工作的人的思想立场、观点方法。

经谢辰生等人讨论研究,并由他起草的文件报到中央后,很快就颁发了,中央文革还决定派专门工作小组到各地传达。当时组建了四个工作小组,谢辰生和纪宏章小组去了中南和华东,刘巨成小组去四川,包世盛小组去东北。工作小组每到一个地方,就去找当地军管会,宣传这个中央文件,说这是中央文革的指示,要求保护文物。军管会执行比较到位,立刻停止文物破坏的行动,改为保护文物。很多地方甚至还组成了文物抢救小组,专门负责保护文物、制止破坏。"文化大革命"初期大量破坏文物的状况至此得到有效遏制,甚至情况反转,由破坏变为保护,大量珍贵文化遗产得以保存。对于这种可喜的变化,应当说谢辰生起草的《呼吁书》和《意见》起到了很关键的作用,也是谢辰生在那个特殊年代为保护文物作出的重要贡献。

二、保护北京古观象台

北京古观象台坐落在建国门的南城墙上,为元代所设,原名司天台。明初战火中被毁,残存的天文仪器运到南京保存。明正统七年(公元 1442 年)重建,名观景台,并复制了一套仪器,如浑仪、简仪等,同时修建了台下的紫薇殿、漏房等。明崇祯年间,由徐光启、李天经等人先后制造了一批仪器,如极限大仪、平悬浑仪、平面日晷、望远镜、万国经纬地球等。清代又增加了一些仪器,改名古观象台。现保存有多种天文仪器,是世界上现存最早的有天文仪器的天文台(图二四)。

图二四   坐落在北京建国门南城墙上的古观象台

公元 1967 年，北京要修地铁，原计划要迁移天文台为地铁让路。那时候文物局已经没有了，但是北京成立了文物清理小组，所有的文物干部都在这个小组里。于是文物清理小组的几个人，包括谢辰生、罗哲文、崔兆忠、包世盛等自掏腰包，去现场调查、测量、照相。罗哲文会照相，当时用的照相器材都是罗哲文自己的。完成现场调查后，谢辰生等人给周恩来总理写了一份报告，提出了要保护天文台的意见。周总理最终批示，天文台不能拆，要保护，地铁外移。其结果是二环地铁修建时在天文台绕了一个弯儿。因为天文台与地铁距离比较近，国家还专门拨出二百多万元人民币保护天文台。这在当时可是个大数目！可见中央领导人对文物工作的重视。

三、恢复和重建文物工作秩序

公元 1969 年，文化部所有干部下放湖北咸宁"五七"干校，文物局工作陷入瘫痪（图二五）。就在这段时间全国各地出土了金缕玉衣、铜奔马等重要文物,轰动了世界。为了增进国际社会对中国的了解,周恩来总理决心筹备一个出土文物的出国展览。公元1970年初,国务院通知王冶秋回京负责筹备出土文物展览办公室。公元1970年5月10日,国务院成立图博口,负责图书馆、博物馆、文物方面工作,实际上囊括了文物局的全部业务。可以说图博口的成立标志着文化系统业务工作开始恢复,这是文物工作的重大转折(图二六)。王冶秋回京后,整个文物工作开始复苏。筹备展览期间,他把"五七"干校中国家文物局系统的干部全部调回了北京(图二七)。

公元1973年底,图博口正式改成国家文物事业管理局(以下简称文物局),王冶秋任局长(图二八),隶属国务院办事组。公元1974年4月,上海《文汇报》刊文《批判复辟逆流》,不点名地批判王冶秋的一些讲话是黑线回潮。同年5月,国务院文化组突然宣布要接管文物局,并且派出调查组,撇开局党委,直下基层,搜集材料。文物局上下深感问题严重,文化组果真接管了文物局,文物局的同志可能要挨整。为此,谢辰生出面给领导写信,

二五 北京古代建筑修整所同志在湖北咸宁火车站下车,奔赴"五七"干校。

二六　公元 1970 年 5 月，根据周恩来总理指示，成立图博口
　　　领导小组，由国务院办公室直接领导。公元 1973 年 2 月，
　　　国务院业务组会议决定，撤销图博口领导小组，成立国
　　　家文物事业管理局。此图为当时的图博口领导小组及国
　　　家文物事业管理局办公地北大红楼。

二七　公元 1973 年，国家文物事业管理局领导与展览筹备人员合影。

二八　公元 1973 年，中华人民共和国出土文物展览在英国伦敦
　　　展出时，王冶秋局长（左二）向英国首相希斯介绍展品。

建议文物局不要归文化组。最终去信获得领导批示：文物工作任
务很重也很急，层次不宜多，应直属国务院，不要划归文化组。
文物局保住了。公元 1975 年 1 月，周总理在第四届全国人民代表
大会第一次会议上作了政府工作报告，后来又在他最后一次主持
国务院会议上宣布国家文物事业管理局直属国务院。粉碎"四人帮"
后成立文化部。当时文物局是独立的，与文化部并无隶属关系。

　　"文化大革命"期间，文化部、文物局受到严重冲击，文物
遭到相当程度的破坏，法制意识淡漠，文物法规和政策不能得到
有效执行，导致文物工作一度陷于停滞。但值得欣慰的是，从"文
化大革命"直到文物保护法公布期间，谢辰生主持起草、参与起
草的文件前前后后达二十多件，涉及考古发掘、文物保护、文物
安全、博物馆管理、文物商业管理、文物市场管理、文物进出口
管理、文物拣选和工作人员管理等多个方面。短时间内如此密集
起草文件，并且这些文件占同期发布的文物相关文件的绝大多数，
足见谢辰生对文物事业充满激情和热爱。无论何种际遇，也从未

二九　公元 1976 年 4 月，谢辰生（二排右三）与浙江杭州举
行的河姆渡遗址发掘工作讨论会全体代表合影。

中止对文物工作的调研与思考（图二九），对文物法规制度的坚持。
这段时间内谢辰生起草的文件主要有如下内容：1. 公元 1973 年
8 月 1 日，国家文物事业管理局关于进一步加强考古发掘工作的
管理的通知，附《古墓葬、古遗址调查发掘暂行管理办法》；2.
公元 1973 年 10 月 31 日，国家文物事业管理局关于严禁将馆藏文
物图书出售作外销商品的通知；3. 公元 1974 年 8 月 8 日，国务
院关于加强文物保护工作的通知；4. 公元 1977 年 2 月 15 日，国
务院批转国家文物事业管理局关于在农业学大寨运动中加强文物
保护管理的报告的通知，附《关于在农业学大寨运动中加强文物
保护管理的报告》；5. 公元 1978 年 11 月 23 日，外贸部、商业部、
国家文物局转发国务院批准的关于进一步做好一般文物（旧工艺
品）管理和出口工作的请示的通知，附《关于进一步做好一般文物
（旧工艺品）管理和出口工作的请示》和《外贸部、商业部、国家
文物局关于进一步贯彻执行国务院文件的几点补充意见》；6. 公
元 1978 年 11 月 23 日，国家文物事业管理局、国家地震局关于进
一步开展地震考古工作的意见；7. 公元 1980 年 5 月 17 日，国务

院关于加强历史文物保护工作的通知；8.公元1981年10月30日，国务院批转国家文物局关于加强文物市场管理的请示报告的通知，附《关于加强文物市场管理的请示报告》。谢辰生参与起草的文件主要有如下内容：1.公元1973年11月16日，对外贸易部、商业部、国家文物事业管理局关于加强从杂铜中拣选文物的通知；2.公元1974年12月16日，国务院批转外贸部、商业部、文物局关于加强文物商业管理和贯彻执行文物保护政策的意见的通知，附《关于加强文物商业管理和贯彻执行文物保护政策的意见》；3.公元1976年2月20日，国家出版事业管理局、国家文物事业管理局关于古旧书籍出口鉴定问题函；4.公元1977年10月19日，国家文物事业管理局关于颁发《对外国人、华侨、港澳同胞携带、邮寄文物出口鉴定、管理办法》和《更换文物出口鉴定火漆印章》的通知，附《对外国人、华侨、港澳同胞携带、邮寄文物出口鉴定、管理办法》；5.公元1978年1月20日，国家文物局关于颁发《博物馆藏品保管试行办法》和《博物馆一级藏品鉴选标准》的通知，附《博物馆藏品保管试行办法》和《博物馆一级藏品鉴选标准》；6.公元1978年5月3日，国家文物事业管理局关于加强对长城保护的通知；7.公元1979年6月29日，国家文物事业管理局关于印发《省、市、自治区博物馆工作条例》的通知，附《省、市、自治区博物馆工作条例》；8.公元1979年7月31日，国务院批转国家文物事业管理局关于文物特许出口管理试行办法的请示报告的通知，附《文物特许出口管理试行办法》；9.公元1979年9月4日，国家文物事业管理局关于试行《拓印古代石刻的暂行规定》的通知，附《拓印古代石刻的暂行规定》；10.公元1980年4月16日，公安部、文化部、国家文物局关于加强文物安全保卫工作的通知；11.公元1980年5月15日，国务院批转国家文物事业管理局、国家基本建设委员会关于加强古建筑和文物古迹保护管理工作的请示报告，附《关于加强古建筑和文物古迹保护管理工作的请示报告》；12.公元1981年1月15日，国务院批转国家文物事业管理局关于加强文物工作的请示报告的通知，附《关于加强文物工作的请示报告》；13. 公元 1981 年 4 月 10 日，国务院办公厅转发文化部、国家文物事业管理局关于长城破坏情况的调查报告的通知，附《关于长城破坏情况的调查报告》；14. 公元 1981 年 4 月 20 日，国家文物事业管理局、财政部、公安部关于加强安全措施防止文物失窃的意见；15. 公元 1981 年 4 月 28 日，国家文物事业管理局颁发《文物工作人员守则》的通知，附《文物工作人员守则》；16. 公元 1981 年 7 月 17 日，国家文物事业管理局转发《文物商店工作条例》的通知，附《文物商店工作条例》。

　　这些文件中，一部分是针对文物工作全局的综合性文件。例如，《国务院关于加强文物保护工作的通知》（公元 1974 年）、《国务院关于加强历史文物保护工作的通知》（公元 1980 年）、《国务院批转国家文物事业管理局关于加强文物工作的请示报告的通知》（公元 1981 年）。更多的文件是针对文物工作中的某一专项，根据当时工作状态和存在的问题而出台的文件。例如，《国家文物事业管理局关于进一步加强考古发掘工作管理的通知》（公元 1973 年），针对"文化大革命"以来部分地区考古不按规定报批，或者不尊重考古发掘的科学要求，单纯"挖宝"导致破坏了出土文物的科学性和历史价值，于是将公元 1964 年国务院批准的《古墓葬、古遗址调查发掘暂行管理办法》重新印发，又提出几点说明和补充。

　　《国务院批转外贸部、商业部、文物局关于加强文物商业管理和贯彻执行文物保护政策的意见的通知》（公元 1974 年），针对当时外贸部门出口文物创外汇，甚至"成批销售"的情况，通知提出"少出高汇、细水长流"的方针，重申原有的文物出口界限和鉴定标准，明确文物商业的管理和经营分工。在《外贸部、商业部、国家文物局转发国务院批准的关于进一步做好一般文物（旧工艺品）管理和出口工作的请示的通知》（公元 1978 年）中再次重申了公元 1974 年国务院文件精神，并根据现实情况作出适当修改。例如，随着旅游事业的发展，国内市场供应外宾的数量比重逐步增加，根据有利于争取外汇的原则，文物部门要提出统一安排，因此友谊商店、外轮供应公司经营的文物货源原来由外贸部门供应，现改由文物部门统一供应。

还有的文件是特别针对某类重要文物的保护。例如，《国家文物事业管理局关于加强对长城保护的通知》（公元 1978 年），针对"文化大革命"期间部分长城被毁事件，特向长城沿线省市自治区文化局转发了由北京市委、市革委提出的、经中央批准的三项保护措施，包括加强领导，做好宣传工作，依靠群众做好保护长城工作；长城沿线的县、社、队认真遵守文物保护规定，坚决制止乱拆长城行为，过去的以教育为主，再发生则严肃处理；对阶级敌人的破坏活动要坚决打击。此后不久，公元 1980 年，遵照党中央、国务院领导同志关于保护长城问题批示的意见，文化部和国家文物事业管理局共同派人对长城破坏情况进行重点调查，发现长城依然遭到损毁主要是人为因素。调查报告显示长城破坏的原因主要是受"文化大革命"期间极左思潮的影响，一些干部群众把长城当成了"破四旧"的对象。报告提出几点措施，包括加强保护宣传、进行长城普查、制定保护规划、严肃法制等。报告提交国务院办公厅后，形成《国务院办公厅转发文化部、国家文物事业管理局关于长城破坏情况的调查报告的通知》（公元 1981 年）。

四、参与起草国务院"132 号文件"

在谢辰生起草的众多文件中，国务院"132 号文件"应是较为重要且影响深远的。其制定和出台经历了一个复杂的过程。"文化大革命"期间，红卫兵上街扫"四旧"。当激动的红卫兵们挥舞着涤荡"四旧"的铁扫帚指向文物商店的危急时刻，正赶上周恩来总理接待红卫兵。周总理了解到这种情况，明确表示文物商店不能砸，留着等级低的文物还可以卖给外国人挣外汇。周总理这样说实际上就是为了保护文物，但是外贸部就根据这句话，在文化部当时已经被迫解散、工作停滞的情况下，把原本属于文化部门管理的文物商店变为外贸部门领导了。一时间大大小小所谓工艺品公司冒了出来，实则专门用来卖文物。在这个过程中，出现了书画成捆卖、玉器论斤卖等成批销售的情况。还有收购出土文物的情况发生，问题比较严重。甚至发展到某县博物馆藏品整体被卖，外贸部门还认为这是一个创汇的经验，专门给周总理打报告，希望推广。周总理意识到问题的严重性，立即责成吴德牵头负责研究文物商业是不是应该划归文化部门。大约是公元 1971 年到 1972 年初，吴德召集白相国（时任对外贸易部部长）与王冶秋专门组成三人小组，吴德任组长，共同讨论文物商业的管理体制问题。当时因为来自外贸部门的白相国和来自文物部门的王冶秋二人出发点和立足点不同，讨论起来往往各执一词，争论比较激烈。

　　公元 1972 年，谢辰生从咸宁"五七"干校回京，恢复工作后也参与了这项工作。他在公元 1973 年底参与起草了一个文件，经三人小组同意后，于公元 1974 年 1 月上报周总理。后来因为周总理生病，文件暂被搁置。6 月，谢辰生在给中央领导的信中提到这个文件草案里反映的一些内容，主要是当前文物出口存在很多问题。领导批示中第一条就提到谢辰生同志来信反映的文物出口问题非常严重，意见基本正确，请设法解决。于是，公元 1974 年 12 月 16 日，《国务院批转外贸部、商业部、文物局关于加强文物商业管理和贯彻执行文物保护政策的意见的通知》下发。这就是常说的"132 号文件"。

　　这份文件针对当时文物商业市场管理中存在的一些诸如多头经营、价格不一、市场混乱的问题，提出对时代较晚、有大量复制品、又无收藏价值的一般文物，必须采取"少出高汇、细水长流"的方针，有计划地组织出口。对文物商业市场，则应归口经营，统一收购，统一价格，加强管理。再次重申了文物出口界限和鉴定标准，特别提出文物商店应由文化部门领导。要求文物商店门

三〇 公元 1977 年，谢辰生和夫人王惠贞摄于家中

市部、外轮供应公司、信托商店等都应只经营文物复制品和经过鉴定选择可以出口的一般文物，但只能零售，不得批发。友谊商店、外轮供应公司门市部向外宾销售的文物商品，统一由外贸部门供应。文件下达后，加强了文物商业市场的管理，对于打击文物走私、防止珍贵文物外流都起到了积极作用。

公元 1976 年 10 月，粉碎"四人帮"以后，谢辰生更意气风发投入到文物工作之中（图三〇）。公元 1978 年，关于文物商业的管理和经营分工问题又起争议。外贸部门请示李先念（时任中共中央副主席），想收回文物经营权。李副主席 7 月 1 日批示乌兰夫（时任全国人大常委会副委员长）处理此事。公元 1978 年 7 月 10 日，乌兰夫专门在民族宫召开搞好文物管理和出口工作会议，谷牧、王震等中央领导出席会议。外贸部门的这个请示也于 7 月 1 日批给了文物局，根据局领导指示，谢辰生起草了一个报告，提到当年外贸部门成捆成斤卖文物的情况，摆事实讲道理，反驳这个请示。会议当天，王冶秋当场念了报告，同时上报国务院。

会议最终决定仍然应该遵循"132号文件"基本规定。根据会议精神，外贸部、商业部、国家文物局联合拟订《关于进一步贯彻执行国务院文件的几点补充意见》，并于公元1978年10月18日上报国务院获批。这个"132号文件"的"补充意见"再次明确关于文物商业的管理和经营分工仍按"132号文件"规定执行，继续认真贯彻"少出高汇、细水长流"的方针，坚决杜绝"论捆论袋论斤"销售的做法。同时也提出友谊商店、外轮供应公司经营的文物货源，改为由文物部门统一供应。

谢辰生说：随着几个文件下发并贯彻执行，有关文物经营管理的争论就稳住了。公元1985年12月25日中央书记处召开的会议上，讨论文物工作时有个插曲，就是卖不卖文物，对文物出口的态度有分歧。谈话期间，胡耀邦提议文物局要听听外贸部的意见。当时的外贸部一位部长，是海关总署署长调任的，他同意文物局的意见。这位部长认为，外国也不这么干呀，我们怎么能这么干呢。胡乔木、万里这些人都说出口文物赚外汇不多，不值得，以后再也不要搞了。这次就定了，以后根本就不许外贸部门搞了，也不出口文物了，到此为止。

六 改革开放初期的文物保护与研究成果

一、第一部文物保护法与
国务院"101号文件"

（一）为王冶秋正名

党的十一届五中全会（公元1980年2月23-29日）期间，胡耀邦总书记听到有人反映康生在"文化大革命"期间搞走大量文物与王冶秋有关，信以为真，但是出于对老同志的爱护，于是跟任质斌（时任国家文物局局长）说："王老给康生弄了那么些东西，写五百字检查就算完事了！"任质斌当天晚上回来，也不好直接找王冶秋，于是就给谢辰生打电话要他连夜赶到红楼（当时文物局办公地点）商讨此事。见面后，任质斌向谢辰生转达了胡耀邦的意见，并征求谢辰生的意见。谢辰生听后，感觉很是气愤，心中暗想，这是谁在胡说八道？立即坚决否定："不对，根本没这么档子事！"任质斌公元1979年刚来文物局任职，对文物局的历史和之前的工作还不十分了解，看谢辰生坚决否定的态度，忙问："到底怎么回事？"谢辰生赶紧解释："康生搞文物的时间是1968年到1970年。当时王冶秋已经被关在牛棚，1969年秋宣布解放后不久又下放湖北咸宁文化部干校。1970年回北京，同年5月成立国务院图博口，王冶秋当副组长。从1966年'文化大革命'开始到1971年，王冶秋根本没见过康生的面。说王冶秋帮着康生搞文物，时间根本对不上啊。"任质斌听完后觉得有道理，他认同谢辰生的说法，于是让谢辰生抓紧写个材料，要在第二天会上争取澄清这个问题。

耀邦同志并转

中共书记处处同志：

晶运达文化系院、出版系统、都比较责任地派人传说这

和住重同志支援的中宣部例会上，耀邦同志点名批评了王冶秋、耀邦同志

是根据一位同志的来信耀邦同志说与处方革命期间，原未拿了八千多件

多物、王冶秋应负责任去作检讨（大意若此）是否属实，我开始是怀疑

的，因而伯贺城同志叫未向多物必同去作近传达，后来有机多同志断这样

说，宜说是听的正式传达。商来是事出有因了，不同期以来社会上对王冶秋同志

和多物句依用力少议论，集中心问题，一是王冶秋向题很大，本物向途有许多福，

二是多物向去老来老要成立的因而王冶秋向途很大、本物向途很大、其源之此

扮承生，据说王冶秋取正高朗向之后外党和香报纸也有所讲论时

此，我用不同的有法。据这多物之工作甚其，考虑物句的实和流秋都比较清楚

此鸣邦此信收，此信寫得很好才我。一切向多研究乃此。特将这故信转谢辰生同志。难文确向历史、特重专、对一切专云。

胡耀邦
4月

三一　公元 1980 年 3 月 26 日，谢辰生给胡耀邦的信及批示。

凌晨四点，谢辰生结束谈话回家，连夜写好澄清材料，并在第二天一早就交给任质斌。公元 1980 年 3 月 26 日，谢辰生担心材料中没有说清楚，干脆又提笔直接给胡耀邦写信，详细阐明王冶秋与康生在"文化大革命"期间盗窃文物没有任何关系。还进一步说明在"文化大革命"之前的十七年中，王冶秋也没有拿过国家收藏文物给康生和任何人送过礼。三十年来王冶秋不但自己没有拿过公家的文物，也没有买过文物。文物局的干部不买文物是文物局的一个传统。在这个问题上，文物局的同志不但无可指责，而且还是值得表扬的（图三一）。谢辰生的信很快得到了批复，批语是"此信请你们认真对待，一切问题应该严格，实事求是。对文物局历史、对王老、对一切同志都应如此。请将这段话也告谢同志"。这封信批给了文物局的负责人，并在全系统领导人会议上得到传达，最后传至全国，终于还了王冶秋（这位在文物战线长期奋斗的老一辈革命家）一个公道。

（二）新中国第一部文物保护法诞生

公元 1977 年 8 月 2 日至 15 日，在拨乱反正、恢复文物工作的转折时期，经国务院批准，国家文物局在大庆、哈尔滨召开了全国文物、博物馆、图书馆工作学大庆座谈会，参加会议的有各省、市、自治区文化局、文物管理委员会、博物馆、图书馆等单位的负责人和国家文物局直属单位的代表。王冶秋主持座谈会。他认为"文化大革命"期间法制被严重破坏，祖国文物经历一场浩劫。粉碎"四人帮"以后，党和国家虽然采取了一些措施，虽然使一些地方文物破坏的情况得到制止，但全国范围内仍然存在文物破坏情况，有的问题甚至还比较严重。其重要原因之一就是法制不够健全。王冶秋对谢辰生说，文物管理只依靠《文物保护管理暂行条例》恐怕还不够，必须制定一部法律，一部文物保护法。

中华人民共和国成立以来，随着国家经济建设的发展，陆续颁布了一系列的保护文物法令和办法。这些法令在当时的历史条件下，起到了非常重要的作用，使我国的文物保护管理工作取得了显著的成绩。但是这些法令，大都是为解决当时文物保护管理工作中出现的具体问题而颁布的。即使是公元 1961 年颁布的《文物保护管理暂行条例》，虽然是一部相对系统的法规，但就其内容来说，还是侧重于地上地下不可移动文物保护，而关于考古发掘和流散文物的条文很少，历史文化名城和馆藏文物则根本没有涉及，所以还不能说是一部全面的文物保护法令。

于是，公元 1979 年开始，谢辰生开始起草《文物保护法》。修改了几次成稿后，谢辰生请叶圣陶和吕叔湘对草稿文字把关，现在他还保存着不少当时的往来书信。公元 1980 年，《文物保护法》草案上报国务院。公元 1982 年 11 月 19 日，由第五届全国人民代表大会常务委员会第二十五次会议通过，《中华人民共和国文物保护法》（以下简称《文物保护法》）公布施行（图三二）。它是中国文物法制建设重要的里程碑，标志着我国的文物保护管理事业进一步纳入法治化轨道。

这部《文物保护法》是结合当时文物保护管理工作中出现的

三二　公元 1982 年 11 月，第五届全国人大常委会审议通过
　　　的《中华人民共和国文物保护法》。

新情况、新问题，对公元 1961 年国务院颁发的《文物保护管理暂行条例》进行了较大修改和补充而制定的。《文物保护管理暂行条例》共十八条，没有分章，而《文物保护法》共三十三条，分为"总则"、"文物保护单位"、"考古发掘"、"馆藏文物"、"私人收藏文物"、"文物出境"、"奖励与惩罚"和"附则"，共计八章，增加了文物所有权、历史文化名城、考古发掘、馆藏文物、私人收藏文物和奖惩等内容，对保护文物的具体原则方面也做出了新规定。该法把我国文物保护工作的具体工作路线、方针政策和重要管理原则以法律形式固定下来，事实证明大力推动了文物事业的发展。立法当时，社会上存在有的单位占用古建筑迟迟不搬迁，甚至任意拆改；有的地方和单位把出土文物据为己有，不交给国家，不听从文物部门的调拨等文物管理混乱现象。导致这种现象发生的一个重要原因就是法规对文物所有权没有明确的规定，很多单位自以为是文物所有者而对文物任意处置。因此，《文物保护法》在总则中明确规定了埋藏在地下的文物以及国家机关、部队、全民所有制企业、事业单位收藏的文物和各级文物保护单位，除了国家另有规定的以外，其所有权属于国家。这就决定了文物工作在必要分工的前提下必须统一管理。

《文物保护法》是在党的十二大提出全国开创社会主义现代化建设新局面的新形势下公布的。起草人谢辰生意识到，随着社会主义经济建设的发展，在城市化、工业化进程中，保护古建筑、古遗址及其环境十分迫切。为此，他做了大量调研（图三三）。欧洲不少国家在工业革命和第二次世界大战后，对一些城市进行的建设和改造，就曾因为对文物保护注意不够而造成城市和古建筑大面积破坏。为了避免历史悲剧重演，《文物保护法》规定对一些具有重大历史价值和革命意义的城市由国务院公布为历史文化名城，不但要保护这些城市中具有重要历史、艺术、科学价值的古建筑、古遗址及其环境，而且还要考虑保护这些名城固有的总体布局和风貌，以充分显示这些名城的历史连续性。《文物保护法》是中华人民共和国成立以来文化界的第一部法律，总结了

三三　公元 1983 年，国家文物事业管理局在山东曲阜召开大
遗址保护工作座谈会（前排左八为谢辰生）。

新中国成立以来包括"文化大革命"的正反两方面的历史经验与
教训，并且借鉴了国际上的新观点。据谢辰生说，《文物保护法》
"是一部好法"。这是事实，也是历史。公元 2009 年，在庆祝中
华人民共和国成立六十周年之际，《检察日报》选出六十部法律，
作为新中国法制建设重大成绩的代表进行系列报道，《文物保护法》
是其中之一。谢辰生作为《文物保护法》起草者对文物法制建设
做出了重要贡献。时至今日，《文物保护法》历经一次修订和数
次修改，谢辰生依然认为公元 1982 年颁布的《文物保护法》中的
基本观点、基本原则和主要内容还是正确的，虽然条款又有所增
加，表述也多有变化，但万变不离其宗。谢辰生坚信法律的基本
东西不能动，动就会出问题；对待文物保护，只能加强不能削弱，
只能从严不能从宽。这部法律的起草、通过、颁布都倾注了谢辰
生的拳拳心血。尽管世事变迁，他依然对这部法律信心满满，也

时刻准备着与违反本法精神的不良倾向做斗争。例如，针对如何正确处理文物保护与发挥文物的作用之间的关系、如何把握文物社会效益与文物经济效益之间的平衡等争论，谢辰生认为这是事关能否树立正确文物工作指导思想的关键问题。搞好文物保护，是文物工作的基础，是发挥文物作用的前提。离开了保护，就谈不上发挥作用。同样毫无疑问的是，必须以社会效益为衡量文物工作好坏的最高标准。谢辰生认为，有的地方把文物工作的开放、改革简单等同于利用文物增加经济收入，甚至给文物单位和博物馆下达营利指标。这种把文物作为单纯营利手段的倾向是完全错误的。

（三）促成国务院颁发"101号文件"

《文物保护法》公布之后，中宣部和文化部都非常重视，决定下大力气宣传《文物保护法》，加强文物管理。具体负责的是当时的中宣部部长邓力群。他提出来应该分别起草《中共中央国务院关于进一步加强文物保护工作的决定》和《中共中央国务院关于加强博物馆建设的决定》两个中央文件，同时召开一个会议，贯彻《文物保护法》。这一意见在《文物保护法》公布之后不久就下达给文物局，但是将近一年过去了，文物局仍然没有给国务院上报这两个文件草案。原来在两个文件起草过程中，文物局内部产生了比较严重的分歧。主要分歧针对文物工作的方针问题是保护为主，还是保护和利用并重。当时沈竹副局长和谢辰生是支持保护为主的，另有其他文物局负责人坚持保护和利用并重。中宣部了解到这种情况，专门请文物局几位领导班子成员到中宣部开会讨论这个问题，最终中宣部支持了谢辰生一方的意见。随后，文物局就按中宣部的意见开始起草文件，筹备会议。

公元1984年，文物局将两个起草好的文件上报中央书记处。中央书记处开会讨论后将两个文件合并，变成《进一步加强文物工作的决定》，并提出修改意见。公元1985年文物局又将修改稿上报中央书记处，中央书记处在12月25日又召开会议讨论了这个文件，还是存在不同意见。于是胡耀邦总书记决定组建一个文件修改小组，由他当组长、中央书记处、中宣部和文物局分别派人参加。当时是马自树代表中宣部参加，谢辰生代表文物局参加，中央书记处派出王愈明和李鉴。谢辰生草拟了文件底稿，掌握了一定主动权，融入了他关于文物工作的理念。文件修改工作持续了三个月，谢辰生也在中南海住了三个月。胡耀邦是很认真的。每一次讨论都是他亲自牵头，修改小组几个人在胡耀邦办公室讨论，畅所欲言，互相倾听，然后修改小组的成员们根据胡耀邦的意见再修改，反复修改数次。一次讨论的时候，胡耀邦问道：听说"以文物养文物"的观点你们都不同意，是不是啊？谢辰生立刻答复：对，我们都坚决不同意！并说了一些看法。胡耀邦从那以后就再也不提这个观点了。文件来来回回改过好几次后终于完成了，整个撰写的过程中谢辰生不断介绍文物工作各方面情况，并说服了其他人，小组意见取得一致。胡耀邦也同意了文件最后一稿，说这个文件全面地总结了中华人民共和国成立以来的经验，是很重要的一个文件。公元1986年，由中宣部、文化部党组联合给中共中央书记处写报告汇报这个文件，准备以中共中央和国务院的名义下发。文件上报后直到公元1987年党的十三大召开，文件仍然没有下发。谢辰生很是着急，刚好他是十三大代表，分在国务院小组，便以代表身份找到当时国务院秘书长陈俊生询问文件情况。陈俊生让他在十三大之后再找副总理级别的领导反映这件事，并且文件在十三大之后出台，也就是贯彻党的十三大会议精神，更有利于文件贯彻执行。

党的十三大闭幕之后，谢辰生马上去找谷牧商讨此事，因为当时在中央书记处讨论文件修改时谷牧也是在场的，所以他当即表示文件应该下发。公元1987年10月9日，谢辰生专门为了文件早日下发的事给万里（时任常务副总理）、谷牧写了一封信，信中写到："近年来文物工作有发展也存在不少问题，从主观上是我们文物部门管理不善存在官僚主义，客观上则是管理体制、干部队伍（数量和质量）、事业经费等都与事业发展的需要很不适应。另一个重要原因是指导思想上有各种不同认识，因此发一

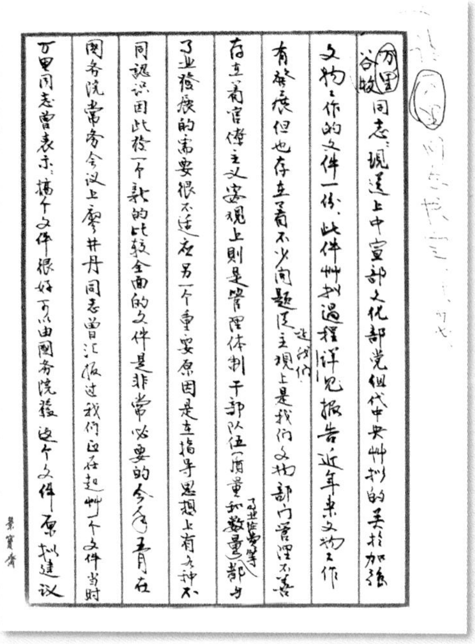

三四　公元 1987 年 10 月 9 日，谢辰生给万里、谷牧的信函。

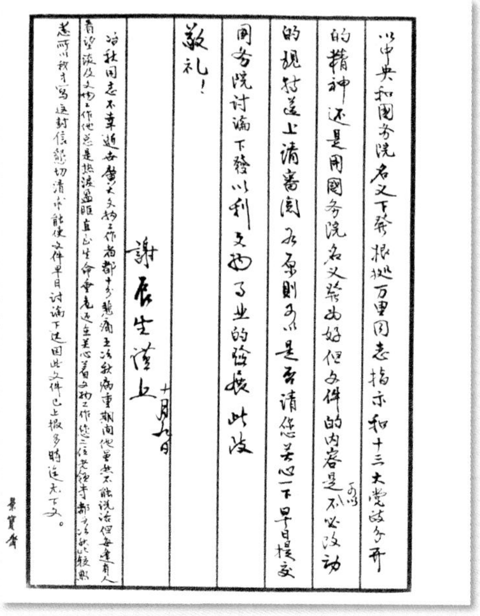

个新的比较全面的文件是非常必要的。"在信末还提到日前王冶
秋同志不幸逝世，直到垂危之际仍惦念文物工作。文件能早日下
发，也算是他的遗愿吧（图三四）。很快，相关领导都批示同意了，
但是根据万里指示和十三大党政分开的精神，文件不能按照原定
以中共中央和国务院名义下发了。谢辰生认为最好以国务院名义
下发。文件终于要下发了，又面临一个问题，如果以"决定"的
形式，要通过国务院全体会议讨论通过；如果是"通知"，领导
批完就可以马上下发。国务院秘书局三局局长打电话询问谢辰生
的意思，谢辰生担心迟则生变，同意以"通知"形式下发。于是，
中共中央和国务院的决定变成国务院的通知。公元 1987 年 11 月

三五　公元 1987 年 11 月，国务院发出《关于进一步加强
　　　文物工作的通知》。

24 日，国务院《关于进一步加强文物工作的通知》下发，也就是文物界常说的"101 号文件"（图三五）。

"101 号文件"内容极为丰富，有序言和五个部分，具体章节如下：一、充分发挥文物的作用，二、加强文物的保护管理工作，三、加强博物馆建设，四、把文物的保护管理纳入城乡建设总体规划，五、加强对文物工作的领导。特别需要指出的是，作为国务院文件，在序言中第一次全面规定了文物工作方针："加强保护，改善管理，搞好改革，充分发挥文物的作用，继承和发扬民族优秀的文化传统，为社会主义服务，为人民服务，为建设具有中国特色的社会主义作出贡献。"谢辰生每每提到这个文件，都会称赞"这是多少年来文物保护方面最好的一个文件，全面系统总结了新中国文物工作，确立了文物保护的一些基本方针，如保护为主、加强管理等"。当然，推动文件起草、出台之艰辛，也只有亲历者才能体会。

二、主持与推动中国大百科全书文物卷第一版和第三版的编纂

公元 20 世纪 80 年代，编纂、出版中国大百科全书是一项重大的文化建设工程。公元 1984 年 9 月，中国大百科全书出版社与文化部文物局商定，在中国大百科全书中列入文物卷。该卷由谢辰生主持编纂。11 月，文化部文物局借调李晓东到该局研究室，研究、起草大百科文物卷框架和选拟文物条目，这项工作正式启动。历经八年，公元 1993 年 1 月《中国大百科全书·文物博物馆》正式出版。此为中国大百科全书文物卷第一版（图三六）。

（一）正式启动与顺利开展

公元 1984 年 11 月 22 日，彭卿云、丁品、关裕伦（大百科编辑）和李晓东在文化部文物局研究室开会，研究大百科全书文物卷编纂问题。关裕伦介绍了编纂大百科全书各卷的基本要求。她说，对文物卷最重要的是搞好框架，将来不至于有的部分多，有的部

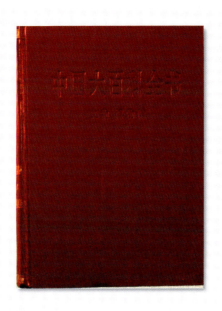

三六　公元1993年1月，由谢辰生、吕济民主持编纂的《中国大百科全书·文物博物馆》正式出版。

分少，不平衡。框架定了以后，应确定各部分（分支）负责人，进一步选拟文物条目。大百科全书属于工具书，以中小条目为主，也有长条目及特长条目，在框架中都得有比例，适于读者探索。知识不稳定的不写，要准确、紧扣本学科。条目释文中各派学术观点都要写，外国的也要写。应找最合适的人撰写最合适的条目释文。希望文物卷1986年定稿。彭卿云同志对这项工作作了安排。他说，目前主要是看资料，看大百科编写条例、要求以及已出版的一些卷，同时走访一些专家。编纂、出版大百科全书文物卷是创新，一定要做好。年底拿出文物卷框架初稿，召开座谈会，征求专家意见，修改框架，明年第一季度定稿。

　　起草框架的任务交给了李晓东。在此后的一个多月里，李晓东学习了中国大百科编写条例，明确了各项基本要求；参阅了关裕伦推荐的已出版的大百科全书环境科学卷、戏曲曲艺卷和体育卷等，了解了这些卷对大百科编写条例的应用及有关事例；查阅了有关文物资料和联合国教科文组织公元 1956 年《关于考古发掘的国际原则的建议》、公元 1970 年《关于禁止和防止非法进口、出口及转移文物所有权公约》和公元 1972 年《保护世界文化和自然遗产公约》以及日本《文化财工作手册》等。在查阅资料、调查研究的基础上，起草了中国大百科全书文物卷框架第一稿。此后又做了修改调整，形成了框架第二稿。公元 1985 年 1 月 14 日，谢辰生、罗哲文、彭卿云、李晓东等讨论研究大百科全书文物卷框架第二稿。该稿把第一稿五部分合并为四部分，经讨论、研究，基本同意。1 月 16 日，大百科编辑关裕伦来谈文物卷框架问题。她说，文物卷框架四部分太大，将来不好处理稿件，可能形成大肚子。在讨论中李晓东谈了意见，并提出框架分八个部分的设想。谢辰生、彭卿云、关裕伦、丁品等研究后，同意框架改为八个部分（即八个分支）。这是框架第三稿。有了这个框架，就可做选拟各部分条目以及试写条目释文。同时，需要建立相应组织和明确各分支负责人。只有这样，才能进入继续选拟条目和编写的实际工作。

1 月 17 日，谢辰生、彭卿云、关裕伦、丁品和李晓东，研究中国大百科全书文物卷编委会筹备小组及成员问题，提出了筹备小组成员建议名单。2 月 1 日，谢辰生、彭卿云、关裕伦、丁品和李晓东，继续研究大百科文物卷框架条目和组织问题。关于文物卷框架可先按八个部分（八个分支）安排，谢辰生说顾铁符先生同意这个框架，也明确在以后进一步研究和编纂实践中可继续修改和调整，使其更加科学、合理。各部分（分支）条目，可由各分支负责人继续选拟、调整。同时提出了各分支负责人初步名单。

2 月 6 日，中国大百科出版社总编辑姜椿芳，文化部文物局吕济民、谢辰生及有关负责同志研究大百科全书文物博物馆卷编纂工作。姜老说，整个大百科全书各卷公元 1989 年完成，公元 1988 年底稿子得全部交。文物博物馆卷公元 1986 年底交稿，公元 1987 年出书。2 月 9 日，文化部文物局和中国大百科出版社联合召开中国大百科全书文物卷编委会筹备组及框架讨论会，姜椿芳和叶副主编出席。姜老在会上讲话时说，文物卷肯定要搞，要多听不同意见，多做研究，搞得更有特色，二年交稿，第三年出书。吕济民在会上宣布文物卷编委会筹备组成员：谢辰生、沈竹、顾铁符、史树青、王世襄、罗哲文、祁英涛、黄景略、彭卿云、李晓东、胡继高。王振铎、王书庄为顾问，谢辰生为召集人。后来谢辰生补充说：沈竹、顾铁符也是召集人。同时，宣布了各部分负责人：概论部分彭卿云，文物保护史部分顾铁符，文物事业部分李晓东，文物保护单位部分罗哲文，出土文物部分黄景略，传世文物、民俗文物、民族文物部分史树青，文物保护技术部分祁英涛、胡继高，外国文物部分王世襄。文物照片选择等事项罗哲文。

经过学习、研究、起草文物卷框架，领导和专家通过充分讨论，大家基本达成一种共识，即编纂中国大百科全书文物卷，无论文物作为一个学科，还是作为一个大的知识门类都是一种创新，文物卷各部分（各分支）也可称为文物学的分支学科。因此，文物卷框架如何设置更为科学、合理，需要继续深入研究，并在编纂实践中及时作出调整。之所以如此高度重视文物卷框架、条目问题，因为框架可称为文物卷乃至文物学科的骨架；层级条目是文物卷乃至文物学科的经络和血脉。两者有机结合，构成了文物卷乃至文物学科的完整体系。在文物卷框架第三稿形成后，及时建立了相应组织。此后第一步仍是继续讨论框架，选拟各层级条目；第二步是试写条目释文，然后逐步展开。这些工作在大百科文物卷编委会筹备组成立和明确各分支负责人之后，有计划地进行。整体来说，自文物卷编纂启动以来，各项工作开展顺利，形势喜人。

（二）重大争议与曲折

正在大百科全书文物卷各分支负责人深入研究框架，选拟各层级条目，不断向前推进时，传来了重大争议，导致编纂工作出现波折，不得不暂停了一年左右的时间。重大争议有二：一是当时负责大百科全书的一位领导同志提出文物放入中国大百科不合适；二是一位著名考古学家提出考古卷包括了文物，不用编文物卷。文物界领导和专家学者在讨论中，明确表示不同意这些意见，还有一些著名考古学家也不同意。

公元 1985 年 4 月 18 日，姜椿芳向文化部文物局领导和专家学者吕济民、谢辰生、顾铁符、王振铎、罗哲文、李晓东等传达一位领导同志意见：文物作为一个学科放到大百科不合适。文物在保护、技术上水平都低，一些文物保护很差。这是个严重问题，不能很好保护，后代会有意见。姜老说把文物条目调整，放入博物馆卷，又说文物还可以编文物百科全书。要调查研究，搜集各国的材料。教育部应在大学设文物、博物馆系或设学院。文物局领导和专家学者在讨论中不同意把文物条目放到博物馆卷内，认为应继续一鼓作气编纂出版文物卷。谢辰生说：从文物管理方针、原则、政策等方面，我们不落后。新中国成立初期打下的基础，如配合基本建设工程，发现文物工程要停，发掘经费基建部门拿，别的国家都办不到，很羡慕。此外，还有水文、地震考古，这些都是外国没有的。他认为，一些文物修复技术、壁画揭取技术都是先进的。落后的是设备缺乏。他说，根本问题是没有把文物工作放到应有的位置。这次会议认为，应继续编纂文物卷。会后，谢辰生对编纂工作作了阶段性安排。

另一重大争议是一位著名考古学家提出考古卷包括了文物，不用再编文物卷。这一不同意见，实质上否认了文物学科，甚至否认了文物作为一个大的知识门类。它比上一个争议更为严重，影响也更大。为此，姜老不顾年事已高，多次亲自到文化部文物局听取文物界和有关方面专家学者意见。这些意见概括地说，考古学对象主要是古代遗址和墓葬等文化遗存，年代下限到明代。它一般不包括地上现存的古代建筑、石刻等，根本不涉及近代现代的各类文化遗存，特别是革命文物、"社建"文物、民俗民族文物等，也不涉及历史文化名城等。这些都不是考古学研究对象，而全是文物学科研究、保护对象。因此，考古卷或者说考古包括了文物的意见不能成立，不符合史实和现实，也不符合已编出的考古卷事实。李晓东在起草大百科全书文物卷框架过程中，拜访了顾铁符、王振铎、苏秉琦等学者。公元 1985 年 1 月 31 日拜访苏秉琦教授，把研究起草大百科全书文物卷框架的一些想法向他汇报，并把初步拟的文物卷框架请他指导。他看了后说：现在框架可以，摆开一看，与考古卷交叉不多。文物与考古不能等同……不能把文物与考古说成是一回事。苏先生认为，文物保护单位只一、二批太少，应把重要的再列一些；外国掠夺去的、流失国外的应记录在案；外国文物法规选取有代表性的，六、七个就可以。他还认为，文物卷框架、条目（释文）是科研项目。几年之后，谢辰生把为大百科全书文物卷撰写的概观性文章《文物》送苏秉琦先生审阅。苏先生于公元 1991 年 7 月 29 日致函谢辰生："《文物》通读一遍，很好。'文物与考古'的框架结构体系基本完备了，几年的时间没白过，值得庆祝。"再一次肯定了文物与考古并非一个框架结构体系。

如上所述，尽管大百科全书考古卷已包括文物、不用编文物卷的意见不能成立，但由于这一争论，大百科全书文物卷编纂工作还是暂时搁置起来。

（三）重新启动，调整框架

一年以后，情况有了变化，大百科全书文物卷编纂工作重新启动。为了做好文物卷编纂的组织、协调、编辑等工作，由文物局研究室张翼燕、大百科全书编辑崔晓荷和李晓东等人组成编辑办公室，在文物卷编委会筹备组和文物局研究室领导下开展工作。

大百科全书文物卷编纂工作重新启动后，在一段时间内重点是进一步研究、修改、调整文物卷框架。它是编纂大百科全书文物卷的基础。科学、合理的文物卷框架，不仅体现文物学科和学科体系，也是文物卷编纂工作沿着正确路径进行的保障。经过文物卷编委会筹备组、分支负责人和编辑办公室反复研究、讨论，并广泛征求文物界和有关方面专家学者意见，集思广益，对大百科全书文物卷框架作出了重要修改和调整，把文物卷框架第三稿拟定的八部分（八个分支）修改调整为十一个部分（十一个分支）。这就是文物卷出版时所列的框架：文物概论、文物保护史、文物管理、全国重点文物保护单位、古器物、古书画、古文献、文物保护技术、外国文物及其他。框架中的历史文化名城部分（分支），因释文稿件一时难以齐全，文物卷出版又不能再延期，不得已只得割爱。

这次调整大百科全书文物卷框架，主要是把文物卷第三稿框架中出土文物与传世文物、民俗文物与民族文物两部分（两个分支），修改为古器物、古书画、古文献三部分（三个分支）。这一调整既符合文物收藏、研究历史，又反映了各门类文物的内在联系，使文物卷框架更加科学和合理。同时，将历史文化名城纳入框架是文物学科的重要发展。此外，把"当代文物事业"修改为文物管理，是从依法管理出发，加强文物保护。把"文物保护单位"修改为全国重点文物保护单位，是要突出我国最重要的有代表性的文化遗产。这次对文物卷框架的重要修改和调整，从整体上提高了文物卷框架的科学水平，为文物卷编纂和提高文物卷质量奠定了坚实的基础。

（四）编委会总审稿会审稿与出版

中国大百科全书（第一版）文物编辑委员会组成人员如下：

主　任　谢辰生

副主任（按姓氏笔画顺序）

　　　　沈　竹　罗哲文　俞伟超

委　员（按姓氏笔画顺序）

　　　　马承源　王去非　王世襄

　　　　史树青　冯先铭　刘九庵

　　　　祁英涛　孙　机　杨伯达

　　　　李晓东　沈　竹　罗哲文

　　　　胡继高　俞伟超　黄景略

　　　　彭卿云　傅熹年　谢辰生

　　　　冀淑英

顾　问（按姓氏笔画顺序）

　　　　王振铎　苏秉琦　启　功　顾铁符

　　大百科文物卷经过几年的编纂，各分支条目释文包括重点条目和长条目释文基本完成。公元1991年6月中旬在四川乐山召开了中国大百科全书文物卷编委会总审稿会（图三七），参加会议的有部分编委会成员和各分支主编、副主编和成员，以分支学科编写组顺序，他们是沈竹、史树青、赵超、李晓东、黄景略、叶学明、孙机、刘九庵、许忠陵、萧燕翼、冀淑英、林小安、胡继高。编委会编辑办公室张翼燕，中国大百科出版社编辑王铁柱、崔晓荷、顾瑛等。编委会总审稿会由编委会主任谢辰生主持。在总审会开始时，由李晓东代表编委会编辑办公室汇报了各分支撰稿、审稿等基本情况，以及总审稿会的基本安排。总审稿会主要对各分支综合条目和重点条目等稿件进行了讨论，明确了一些共同性问题。同时，围绕谢辰生撰写的文物卷概观性文章《文物》的主要内容进行了讨论。

三七　公元1991年6月，在四川乐山召开中国大百科全书
　　　文物卷编委会总审稿会（右一为谢辰生）。

三八　公元 1991 年 6 月，谢辰生（右二）在四川乐山召开
　　　的中国大百科全书文物卷编委会总审稿会上做了总结
　　　性发言。

具体来说，谢辰生谈了概观性文章《文物》撰写情况：公元
1990 年 11 月 23 日，与俞伟超、李晓东就文章框架和内容进行了
深入讨论，如"文物"一词的演变过程、文物的范围、文物的价
值和作用、文物保护研究历史与有关学科关系、中国的文物保护
管理等。俞伟超说：对"文物"词意的发展变化，先说现在定义，
再说过去。现在文物范围更广大了，包括了一切文化的物质遗存，
超过了考古学的范围。从学科建设上谈广些，从文物上说，无所
不包。保护是相对的，不是绝对的。研究文物是社会科学，为达
到这一目的，使用自然科学手段，把文物学研究目标提高一些。
俞伟超还谈了目前的状况与发展方向等。6 月 18 日下午和晚上，
与会专家集中看《文物》初稿，19 日上午和 20 日下午进行讨论。
与会专家对《文物》初稿提出了修改意见和建议。谢辰生为了腾
出专门时间修改稿子，日夜奋战，20 日和 21 日都没有和与会专

家一起参观乐山大佛寺、乌尤寺、麻浩崖墓、峨眉山金顶、报国寺、万年寺等，用两天时间修改出一稿。6 月 22 日下午和晚上，编委会总审稿会对《文物》修改稿进行了讨论，原则同意，并提出了进一步修改的建议。这次编委会总审稿会，还按计划讨论了重点条目。例如，文物保护史、古建筑、石窟寺、古遗址、古墓葬、古代雕塑、古代碑刻、青铜器等稿件。同时，在与会专家和工作人员的共同努力下，研究解决了编纂中的一些重大问题，圆满完成了总审稿会任务，为中国大百科全书文物卷的出版奠定了良好基础（图三八）。

　　总审稿会后，各分支负责人和编辑办公室的任务，一是继续对一些稿件加工提高；二是为文物卷选择配图和照片。这是一项重要工作，同样关系到大百科全书文物卷的质量。经过一年左右时间的努力，圆满完成了预定任务。中国大百科全书文物卷第一版于公元 1993 年 1 月正式出版面世，文物第一次得到了科学的全面的论述，形成了文物学科基本框架体系，确实是一件值得庆贺的大事。《中国大百科全书·文物博物馆》卷参加撰稿的专家学者计六百一十七人，全书共二百三十二万五千字。文物部分即文物卷共有条目一千四百六十九条，其中参见条目十八条。卷首设有总揽全局的学科概观性文章《文物》。书中编排彩色图片三百五十二幅，黑白照片七百八十多幅，包括古建筑、古园林、古城址等平面图，古建筑立体图、剖面图，古器物线图和文物拓片等。文物卷内容全面，资料翔实，评价公允，文字简练，图文并茂，是一部具有权威性的大型工具书。

（五）关于概观性文章《文物》及其评价

　　谢辰生撰写的中国大百科全书文物卷概观性文章《文物》，可谓整个文物卷提纲挈领之作，具体分为文物的定义、文物的价值和作用、文物保护与研究的历史发展概况、文物的科学研究、文物保护和管理，共计五部分。第一次全面系统地论述了文物科学，内容及其丰富，论说高屋建瓴。其中第一次对文物作出定义："文物是指具体的物质遗存。它的基本特征是：第一，必须是由人类创造的，或者是与人类活动有关的；第二，必须是已经成为历史的过去，不可能再重新创造的。""当代中国根据文物的特征，结合中国保持文物的具体情况，把'文物'一词作为人类社会历史发展进程中遗留下来的、由人类创造或者与人类活动有关的一切有价值的物质遗存的总称。"谢辰生在《文物》中写道："要在马克思主义指导下，结合文物本身特点，使文物保护管理和科学研究逐步形成自己系统的基础理论和研究方法，发展和完善以文物为研究对象的文物学。这是社会科学发展的客观要求，也是文物保护和科学研究自身发展的必然趋势。"

如上所述，我国著名考古学家苏秉琦教授在看完概观性文章《文物》后，致函谢辰生"《文物》通读一遍，很好。'文物与考古'的框架结构体系基本完备了……"这是从文物学科和考古学科建设上作出的评价，至为重要。公元 1991 年 11 月 24 日，上海博物馆馆长、青铜器专家马承源复信谢辰生，认为《文物》一文"涵盖极为全面，而于内容之分析研究正确、深刻，用之于序言并无原则性之问题，宜及早印行出版"。同年 12 月 8 日，上海博物馆副馆长、文物专家汪庆正复信谢辰生，认为谢辰生撰写的概观性文章《文物》"撰写之难度极大，非阁下积数十年之学术理论高水平不能承担此重任。环顾宇内，恐亦非君莫属"。

（六）推进文物卷第三版的编纂

目前，中国大百科全书第三版正在编纂。公元 2016 年 6 月 17 日，《中国文物报》第一版报道了《中国博物馆协会启动＜中国大百科全书＞博物馆学科编纂工作》。19 日，李晓东致信中国文物学会黄元副会长并单霁翔会长，信中写道："由此我想到《中国大百科全书》第一版出版了文物博物馆卷。而在出版第二版时，没有从文物特点出发，文物条目没有由国家文物部门选定，……结果删去了不少条目，特别是一些近现代文物包括革命文物等被排除在中国大百科全书之外，失去了中国特色。……因此，建议在中国大百科全书出版第三版时，也应编纂文物学科，并建议中国文物学会主编。"

此后，又经了解，中国大百科全书第三版未列入文物学科。在这种情况下，李晓东把有关情况向谢辰生反映。谢辰生是中国大百科全书第一版文物卷编委会主任。他认为中国大百科全书第三版应该有文物学科，遂于 7 月 25 日给刘延东同志（时任中央政治局委员，国务院副总理）写信反映情况，不同意《中国大百科全书》取消文物卷、文物内容并入考古卷的决定，提出"'考古'是只考'古'不考'今'，而且重点在地下。而文物的内容很宽，从古至今直到当代"，建议还是维持原来的"文物博物馆卷"。此次致信得到中央领导同志重要批示。中国大百科出版社领导同志向谢辰生明确表示，第三版一定收入文物卷。此后，国家文物局把中国大百科全书第三版文物卷编纂事宜交由中国文化遗产研究院承担。

公元 2017 年 2 月 21 日，中国文化遗产研究院召开《中国大百科全书·文物卷（第三版）》编纂工作会议。会议由柴晓明院长主持，邀请文物卷（第一版）编委会健在成员谢辰生、傅熹年、彭卿云、李晓东、孙机、胡继高、杨伯达等参加。他们在会上都谈了对文物卷（第三版）编纂的意见和建议。公元 2017 年 3 月 15 日，《中国大百科全书·文物卷（第三版）》编纂委员会第一次会议暨编纂工作启动会在中国文化遗产研究院召开，会议邀请谢辰生、李晓东参加。会议由中国大百科出版社社长刘国辉主持，谢辰生、柴晓明、杨牧之（大百科总编）致词，胡春玲介绍了三版设条原则等。谢辰生期望中国大百科全书第三版文物卷早日出版面世，为建设中国特色文物学科和文化建设作出重要贡献。

三、组织与协调全国古代书画巡回鉴定

古书画是古代法书、绘画和碑帖拓本的总称。我国自古有"书画同源"、"书画同笔同法"之说，故合称为古书画。中国书法绘画是中华民族所独创的艺术奇葩，在世界艺术之林中独树一帜。它们是中华优秀传统文化的重要组成部分。自古以来，无论皇族

贵胄还是市井民间，都收藏有大量法书、绘画，并精心研究、著录。唐代已有多种书画理论著作和书画著录问世，其中如裴孝源《贞观公私画史》、张彦远《历史名画记》和朱景玄《唐朝名画录》，全文保留下来，至为珍贵。自五代至清，宫廷内府及民间私人收藏颇多，特别是宋朝和清朝内府的收藏十分丰富。例如，宋徽宗主持编纂了收藏绘画目录《宣和画谱》，包括了二百三十余位画家六千三百九十余件作品，同时还主持编纂《宣和书谱》，包括汉至宋初一百九十多位书法家的作品一千一百九十八件。近代和现代，古书画主要收藏于国家设立的文物、博物馆单位和美术馆等相关机构，但是民间的私人收藏也不乏精品。

为了对我国存量古书画做一次全面了解，对其进行辨别真假、区分贵贱精粗，加强保管、研究、宣传，十分必要。对全国古代书画开展鉴定工作始于公元 20 世纪 60 年代初。当时在周恩来总理关怀下，由文化部文物局组成了以张珩为组长的鉴定小组，渐次开展鉴定工作，谢辰生也参与其中。遗憾的是，此后不久，张珩于公元 1962 年病逝，组员郭慎光也于公元 1963 年病逝，鉴定工作被迫中辍。此后，文物局指派王辉重新组织专家开展古代书画鉴定工作。不久，"文化大革命"开始，这项工作不幸完全停顿。公元 1983 年初，文物出版社高履芳（王冶秋夫人）、上海博物馆谢稚柳分别致信国务院副总理谷牧，建议恢复全国古代书画巡回鉴定工作。建议得到谷牧副总理批准。他曾多次要求文物局尽快恢复这项工作，并指出开展这项工作的重要意义。文物局根据谷牧副总理指示，研究决定由谢辰生负责组织这项工作。

公元 1983 年 4 月，文化部文物局在北京召开全国古代书画巡回鉴定专家座谈会，会议由文物局顾问谢辰生和副局长沈竹主持，中共中央书记处书记、中宣部部长邓力群和文化部第一副部长周巍峙出席会议。邓力群非常重视这项工作，认为这是功在千秋的大好事。当时就决定由中宣部下发文件作为国家的任务下达，要求各地有关部门都在各自职责范围内给予支持。会议决定从公元 1983 年下半年开始在全国开展古代书画巡回鉴定工作。可以说，开展全国古代书画巡回鉴定，是国家主导的实施优秀文化传承的重大文化建设项目。会议决定正式成立中国古代书画鉴定组。同时确定这次全国古代书画鉴定工作的目的和作用是考察全国文物机关和文化教育机关团体所存历代书画的情况；协助各单位鉴定藏品，分出精粗真伪；对部分私人藏品进行鉴别评定；通过鉴定，为美术史研究者提供丰富资料，提高其研究的科学性。会议还决定，在古代书画鉴定工作的基础上要完成两项任务：一是把鉴定工作的成果落实在出版物，传至后代。每鉴定一个阶段，凡是真品就出版一册文字目录（多的可以出两册），名为《中国古代书画目录》；选择其中佳品，出版一部每件作品都附图版的图目，名为《中国古代书画图目》；其中最佳品编为彩色大型图录，名为《中国古代书画精品录》。二是在鉴定工作过程中，由专家自己指定年轻助手随团鉴定，在各地工作中由当地派出有培养前途的业务人员参加，以便在实践中培养一批接班人。此外，会议还决定为了不影响鉴定工作进度，凡是对作品真伪或评价看法不一致的，在鉴定组内不争论，而是把各自的意见分别作为附注发表在出版物上，供读者、研究者参考。这充分表现了古代书画鉴定组专家在学术问题上面严肃认真、实事求是的科学态度，同时也充分体现了古代书画鉴定组认真贯彻"双百"方针、发扬学术民主的精神。

公元1983年8月31日，经过几个月的筹备，中国古代书画鉴定组在北京正式成立（图三九）。中国古代书画鉴定组由七人组成。他们分别是谢稚柳，上海博物馆顾问、古代书画鉴定家、画家、理论家；启功，北京师范大学教授、古代书画鉴定家、书画家；徐邦达，故宫博物院研究员、古代书画鉴定家；杨仁恺，辽宁省博物馆副馆长、古代书画鉴定家；刘九庵，故宫博物院研究员、古代书画鉴定家；傅熹年，中国建筑技术发展中心建筑历史研究所高级建筑师、古代书画鉴定家；谢辰生，文化部文物事业管理局顾问。同时确定，谢稚柳和启功为古代书画鉴定组组长，谢辰生代表文物局负责组织协调工作。

谢辰生作为文化部文物局领导人参加全国古代书画鉴定工作，

三九   中国古代书画鉴定组全体成员合影（左起为谢辰生、
         刘九庵、杨仁恺、谢稚柳、启功、徐邦达和傅熹年）。

肩负着古代书画巡回鉴定工作计划制定、实施，肩负着文物局古
代书画鉴定组与地方文物部门和文物博物馆单位之间的工作衔接、
协调，从而使古代书画鉴定有序开展的任务（图四〇、四一）。
具体的日常工作由文物局博物馆处承担。同时，谢辰生作为文物
专家，他与古代书画鉴定组其他成员一起，奔赴一些省（市），
直接参与了古书画鉴定工作。谢辰生与古代书画鉴定组成员一起
开展的古书画鉴定工作如下：

公元 1983 年

8 月，第一期全国古代书画巡回鉴定工作在北京正式启动。

8 月 31 日至 9 月 5 日，在故宫博物院丽景轩鉴定书画，以"文
化大革命"中抄家文物为主；

9 月 6 日至 7 日，在北京府学胡同，鉴定北京市文物局所藏

书画；

9月8日至12日，在北京市文物局，鉴定北京文物总店藏书画；

9月13日至17日，在北京郊区三间房外贸仓库，鉴定北京市工艺品进出口公司所藏书画；

9月19日至23日，鉴定首都博物馆藏书画；

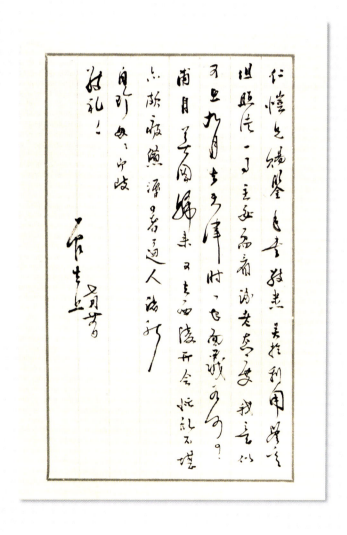

四〇 公元1987年7月24日，谢辰生给杨仁恺的信函。

四一　谢辰生与启功谈笑风生

9月24日至10月8日，在北京大葆台文物仓库，鉴定北京市文物商店所藏书画；

10月11日至14日，在故宫博物院武英殿，鉴定徐悲鸿纪念馆藏书画；

10月17日至21日，鉴定中央工艺美术学院所藏书画。

公元1984年

3月，全国古代书画鉴定组开始第二期全国古代书画巡回鉴定工作。

3月26日至4月25日，鉴定中国历史博物馆藏书画，鉴定结束后召开座谈会；

4月28日至5月12日，鉴定首都博物馆藏书画；

5月16日至7月4日，在故宫博物院丽景轩，鉴定故宫博物院藏书画。

8月，全国古代书画鉴定组开始第三期全国古代书画巡回鉴定工作。

公元1985年

春季，前往上海鉴定古代书画；

10 月，在上海，鉴定上海博物馆藏书画。

公元 1986 年

1 月 6 日，在上海，鉴定上海博物馆藏书画；

1 月 9 日，在上海，鉴定上海中国画院藏书画；

1 月 11 日，在上海，鉴定上海美术馆、上海美协所藏书画；

1 月 12 日，在上海，鉴定上海人民美术出版社所藏书画；

1 月 13 日，在上海，鉴定上海友谊商店古玩分店所藏书画；

4 月 7 日至 5 月 3 日，在上海，鉴定朵云轩所藏书画；

5 月 5 日至 10 日，在上海，鉴定上海外贸九江路仓库所藏书画；

5 月 17 日至 30 日，在上海，鉴定上海文物商店所藏书画；

6 月 20 日，在江苏省苏州市，鉴定苏州文物商店所藏书画；

6 月 24 日至 30 日，在江苏省无锡市，鉴定无锡博物馆馆藏书画；

7 月 1 日至 2 日，鉴定无锡文物商店所藏书画。

9 月 17 日至 11 月 29 日，在南京鉴定书画。在此期间，江苏省一些地、市、县所藏古代书画送到南京，由全国古代书画鉴定组鉴定。

公元 1987 年

3 月 15 日，在浙江省杭州市，鉴定浙江藏书画；

之后，前往安徽省合肥市，鉴定安徽藏书画。

公元 1988 年

5 月上旬，在山东省济南市，鉴定山东省博物馆、济南市博物馆、山东省文物总店、济南市文物商店等单位所藏书画；

5 月 21 日，在青岛市，鉴定青岛市博物馆所藏书画；

5 月 30 日，在烟台市，鉴定烟台市博物馆所藏书画；

6 月初，在辽宁省大连市旅顺，鉴定旅顺博物馆、大连市文物商店所藏书画；

6 月中旬，在吉林省长春市，鉴定吉林省博物馆所藏书画，同时鉴定了黑龙江省博物馆送来的馆藏书画；

6 月底，在辽宁省沈阳市，鉴定辽宁省博物馆、沈阳故宫博物院、沈阳文物商店、鲁迅艺术学院等单位所藏书画；

11 月上旬，在福建省福州市，鉴定福建省博物馆及该省各地送来的书画；

11 月 23 日，在广东省博物馆开始鉴定古代书画工作。

公元 1989 年

1 月至 2 月 10 日，继续在广东省鉴定古代书画；

5 月 6 日至 6 月 4 日，在四川省成都市，鉴定四川省博物馆所藏书画；

10 月至 11 月，在重庆和武汉两地鉴定古代书画。

公元 1990 年

5 月 29 日，在北京，谢稚柳、启功、徐邦达、杨仁恺、傅熹年、谢辰生等全国古代书画鉴定组成员，参加总结全国古代书画巡回鉴定工作座谈会。

全国古代书画巡回鉴定工作，自公元 1983 年 8 月至 1990 年 5 月，历时近七年。鉴定组成员平均年龄七十五岁，不辞辛劳，行程数万里，鉴定了二十五个省、直辖市、自治区和一百二十一个市县的二百零八个古代书画收藏保管单位及部分私人的收藏品，共过目书画作品六万一千五百九十六件，制作资料卡片三万四千七百一十八份。谢辰生与全国古代书画鉴定组其他成员一起，直接参加了十三个省、直辖市、自治区的文物博物馆等单位所藏书画的鉴定工作。其中北京、上海、山东、辽宁、广东等省、直辖市的文物博物馆所藏书画数量最多，鉴定任务大，组织协调工作至关重要。谢辰生作为国家文物局领导成员和全国古代书画鉴定组成员，在全国古代书画巡回鉴定工作中发挥了重要的作用。国家文物局的领导和地方文物部门的大力支持，保证了第一次全国古代书画巡回鉴定和调查了解工作的胜利完成。全国古代书画鉴定组的各位成员，在七年的巡回鉴定工作中，始终坚持对文物对后代负责的原则，兢兢业业，一丝不苟，只讲奉献，不计报酬，做出了前无古人的巨大成绩。通过全国古代书画鉴定工作，终于基本摸清了中国大陆保存古代书画的家底。这是中国文物保护史

四二 公元 1990 年，国家书画鉴定组完成全
国馆藏书画鉴定工作后，谢辰生向中共
中央政治局常委李瑞环介绍工作成果。

上的一次空前壮举，是一项历史性的重大基础工程，对保护、传
承中华优秀传统文化，对中国文物事业的发展均具有重大价值和
深远历史意义。正因为如此，当公元 1990 年 6 月全国古代书画巡
回鉴定工作结束之后，中共中央政治局常委李瑞环专门在钓鱼台
宴请了鉴定组全体成员，充分肯定了这项工作所取得的显著成绩
（图四二），并勉励专家一定要继续努力，善始善终，把未完成
的出版工作做好。

　　早在公元 1983 年 4 月文化部文物局召开的全国古代书画巡回鉴定专家座谈会上就决定，在古代书画鉴定工作的基础上，要把鉴定成果落实在出版物上面，分别编辑出版《中国古代书画目录》《中国古代书画图目》和《中国古代书画精品录》。为了完成这项任务，古代书画鉴定记录资料的整理、积累和书画拍摄等工作极为重要，也是决定此后出版物质量的重要基础。因此，会上决定从古代书画巡回鉴定工作一开始，就请文物出版社的专业编辑和摄影人员随同鉴定组开展工作，实现边鉴定、边记录、边拍照，并及时整理与出版。公元 1990 年 6 月，当全国古代书画巡回鉴定工作结束之时，原定的上述三种出版物只出版了部分文字目录和图目，大部分尚未出版。全国古代书画鉴定组还要继续努力完成未尽的工作。

　　原定《中国古代书画目录》（即文字目录），共 10 册，在全国古代书画巡回鉴定工作结束后不久即出齐，完成了原定任务。原定《中国古代书画图目》，计划出版二十四卷但未出一半就经费告急，成为影响继续完成出版计划的决定因素。为了解决出版经费问题，公元 1995 年谢辰生多方奔走，经房维中斡旋，找到刘积斌（时任财政部副部长），请他支持。财政部决定给文物局拨款八百万元，分年度下达文物出版社作为出版周转金，《中国古代书画图目》的出版有了经费保证。谢辰生如释重负，欣喜若狂。他遂致信远在美国的谢稚柳组长，告知这一令人兴奋的消息，同时告诉在国内的古代书画鉴定组成员，建议召开一次会议，研究加强出版等问题，得到大家的赞同。为了进一步做好《中国古代书画图目》编辑出版工作，公元 1995 年 11 月，文物出版社在北京达园宾馆召开会议，全国古代书画鉴定组全体成员和出版编辑等有关人员参加，讨论出版计划等有关问题。这次会上还讨论了《中国古代书画图目》和《中国绘画全集》内容的取舍以及相关业务问题，委托刘九庵和傅熹年代表全国古代书画鉴定组负责全权处理。会议期间，谷牧和邓力群到会看望了大家，并进行了亲切交谈（图四三、四四）。

四三　公元 1995 年 12 月，谷牧看望中国古代书画鉴定组老
专家，共商《中国古代书画图目》和《中国美术分类全
集·中国绘画全集》的编辑出版事宜（左起为杨瑾、傅
熹年、杨仁恺、谷牧、谢稚柳、启功、徐邦达、刘九庵、
杨新、谢辰生、沈竹）。

四四　公元 1995 年 12 月，邓力群看望中国古代书画鉴定组
老专家（前排左起为傅熹年、杨仁恺、邓力群、谢稚柳、
启功、徐邦达、刘九庵和后排左八的谢辰生）。

四五　公元 2001 年，文物出版社出版的《中国古代书画图目》
　　　荣获首届全国优秀艺术图书奖一等奖。

全国古代书画巡回鉴定专家座谈会上原定出版三种出版物，
后来因为《中国绘画全集》和《中国法书全集》的出版，《中国
古代书画精品录》取消而调整为两种。其中《中国古代书画目录》
已出齐 10 册，只剩《中国古代书画图目》尚未完成，成为大家关
注的重点。谢稚柳多次向谢辰生说："'全集'慢慢出还可以，'图
目'一定要尽快出全，这样我们就可以基本交账了。"出版经费

解决之后，文物出版社明显加快了出版进度，经过十余年的艰苦奋斗，终于完成了《中国古代书画图目》二十四卷这一浩大的出版工程（图四五）。关于《中国古代书画图目》的重要价值和重要意义，著名文物专家王世襄在推荐这套书申请国家图书奖的建议书中写道："这一艰巨繁重的工作过去不但不敢做甚至不敢想。有了这部'图目'，全国的书画收藏留影建档，使其无可遁形，对今后的典藏、保护将起到难以估计的安全作用。有了这部'图目'等于建造了一座蕴蓄浩瀚的宝库，为书画研究者、艺术创作者及爱好者、文史工作者提供大量的学习、参考、研究材料，丰富、便利都是过去难以想象的。书画上的款识、题跋、印章全收入，更是过去著录书无法做到的。其中还不知道蕴藏着多少珍贵文史资料，可供我们发掘、探索、分析、研究。"公元 2001 年，《中国古代书画图目》荣获首届全国优秀艺术图书奖一等奖、第五届国家图书荣誉奖。它是中国古代书画鉴定、研究、保存、出版工作历程中的一座闪耀丰碑。谢辰生为这套图书的出版，做出了非同寻常的历史性贡献。

七　坚持中国特色
　　文物保护道路

一、从"保护为主，抢救第一"到十六字方针

国务院《关于进一步加强文物工作的通知》（即"101号文件"）下发后，在组织贯彻这个文件的过程中，谢辰生所在的全国古代书画巡回鉴定组来到天津。谢辰生通过时任天津宣传部长的弟弟谢国祥与李瑞环（时任天津市委书记）见了面。李瑞环表示很喜欢文物，一定支持文物工作。谢辰生不失时机地请求到："正好'101号文件'下发了，我们国家文物委员会能不能在天津开个会，贯彻文件，请您在会上讲个话行不行？"李瑞环爽快地答应了。回北京后，谢辰生向王蒙（时任文化部部长）汇报了在天津开会的事，王蒙也是非常高兴。于是，公元1988年2月9日，国家文物委员会邀请了三十多位专家、学者在天津召开座谈会，讨论贯彻落实国务院《关于进一步加强文物工作的通知》，会议由国家文物委员会主任委员廖井丹主持，李瑞环到会作了《动员全社会都来重视文物保护工作》的讲话，指出文物保护是一个怎么对待祖先和民族文化，怎么对待历史，怎么对待后代的大事。文化部副部长王济夫、国家文物事业管理局谢辰生、沈竹等出席了会议（图四六）。

"101号文件"在经过一段波折后终于得以出台，在贯彻中也并不是一帆风顺。文件中明确提出了当前文物工作的任务和方针是加强保护、改善管理、搞好改革、充分发挥文物的作用，继承和发扬民族优秀的文化传统，为社会主义服务，为人民服务，为建设具有中国特色的社会主义做出贡献。强调加强文物保护，

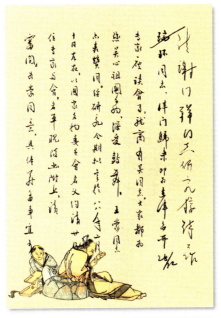

四六　公元 1987 年 12 月，谢稚柳、谢辰生、启功给李瑞环的信函。

是文物工作的基础，是发挥文物作用的前提。离开了保护就不可能发挥文物的作用。突出了保护为主，明确表达了文物保护与发挥文物作用的关系。这个方针很明确，是中央真正提出的全面方针。文物工作方针第一次落实在中央文件中。但是，对于"保"与"用"的关系问题在制定这个文件之初就存在不同看法。这种分歧的存在也导致了文件起草推迟，这个争议并没有因为文件的下发而停止。当时陕西省孙副省长就持有不同意见。公元1989年6月李瑞环增选中共中央政治局常委后，刚好分管文物工作。他对文物工作很关心，听说陕西的文物最多，公元1990年4月便去了陕西考察（图四七）。其间这位孙副省长来反映情况："'101号文件'说的不对，不能是'保护为主'，应该'保用并重'，但文物局的人就是不同意我的意见！"为了解决这个问题，李瑞环叫张德勤（时任国家文物局局长）和谢辰生去了陕西。二人到达陕西当晚，李瑞环就派秘书请谢辰生过去，要了解"101号文件"出台前后这些年的历史情况。谢辰生非常乐意，尤其详细说明了当年起草文件时候产生的关于文物工作指导思想上的矛盾，争论非常激烈。李瑞环听后认可了谢辰生等人的意见，并表示要在第二天召开的省委扩大会议上解决这个问题。第二天会上，李瑞环说现在有些人对保护和利用的关系问题还有意见，但是方针是正确的，还用一个形象的比喻阐明了这个观点。他拿着一个杯子，说这杯子是干什么的，是要喝水的，喝水就是用。如果杯子没有保护好，被摔碎了，还拿什么喝水呢？所以，当然是保护第一，保护是前提，这是个常识问题。所以"101号文件"中的方针提出保护必须是第一位的，不能变。他当场约定，要给文物工作争取经费，经费到位了还来西安开会，开一个全国性的会。谢辰生等人听后自然是非常高兴。

　　李瑞环争取到经费，每年多给文物局八千万元，于是通知文物局在陕西省西安市召开全国文物工作会议。开会之前，李瑞环组织了个写作班子为他起草讲话稿，彭卿云和谢辰生都参加了。起草时，彭卿云根据李瑞环的意思，将工作方针归纳为"保护为

四七 公元 1990 年，谢辰生（左三）陪同中共中央政治局常
委李瑞环（右一）考察陕西文物工作。

主，抢救第一"。李瑞环非常同意，大家也都同意。李瑞环将这
八个字写进讲稿，送给中共中央所有常委看，所有常委都画圈了，
说明全体常委都同意这个方针。公元 1992 年 5 月 6 日至 9 日，会
议如期召开，中共中央政治局常委中央书记处书记李瑞环、中央
政治局委员国务委员李铁映、国家计划委员会副主任党组成员郝
建秀出席会议，全国各省副省长如数参加，相关部委主要负责人
参会。这是中华人民共和国成立以来，文物部门召开的规模最大、
规格最高的一次全国性会议。李瑞环代表中央在会上正式提出"保
护为主，抢救第一"的文物工作方针。李铁映也明确表态，方针
政策很清楚了，会后应好好地传达，贯彻"保护为主，抢救第一"
的方针。会后不久，中央起草一个关于意识形态的文件，其中文
物工作部分也明确提到这个方针，所以"保护为主，抢救第一"
方针应当说是中央的方针。谢辰生听到"保护为主，抢救第一"

的文物工作方针终于确定下来，十分高兴。他深知这个八字方针太重要了，事实证明在这个方针指导下保护了一大批文物。

公元 1995 年，国务院再次在西安召开全国文物工作会议，李铁映在讲话中又提出来"有效保护，合理利用，加强管理"的方针。本想与之前提出的八字方针合并而形成五句话，但是国务院总理李鹏不同意这么快就改方针。为了区分，仍坚持"保护为主，抢救第一"的文物工作方针，"有效保护，合理利用，加强管理"改成文物工作原则。在公元 1997 年 3 月 30 日国务院下发的《关于加强和改善文物工作的通知》中就专门提到继续坚持"保护为主，抢救第一"的方针，贯彻"有效保护，合理利用，加强管理"的原则。此后，文物工作方针与原则并用的做法一直持续到公元 2002 年。在修订《文物保护法》的过程中，国务院副总理李岚清把这两句话进行了整合，去掉了表述有些重复的"有效保护"，形成"保护为主，抢救第一，合理利用，加强管理"的文物工作十六字方针，最终写进《文物保护法》，成为法定的文物工作方针，并被贯彻至今。

对于最终形成的文物工作十六字方针，谢辰生有着自己明确的看法。他认为"保护为主，抢救第一，合理利用，加强管理"的方针是文物保护工作总的指导方针，《文物保护法》的所有规定都体现了这个方针的要求。因此，是否符合这个方针的要求，是衡量在执法过程中是否正确地执行法律各项规定的标准。这个十六字方针是一个有机联系、不可分割的整体。谢辰生也对方针中蕴含的关系有着哲学意味的阐述。他提出"保护为主，抢救第一，合理利用，加强管理"的方针，正确地体现了保护与利用的辩证关系。

"保护为主"是对利用而言的。保护与利用不是对立的，而是统一的，二者应当是相互促进、相辅相成的。在一定意义上，又是互为目的、互为承启的。但是必须明确，保护是第一位的，保护是利用的前提和基础，而且保护还要贯穿于利用的全过程，"利用"必须受"保护"的制约。我们经常强调文物要"古为今用"，然而古之不存，安为今用？这是很明显的道理。只有这样理解和处理保护和利用的关系，才能形成二者的良性循环，才能在保护的前提下保证文物的永续利用。至于"抢救第一"，则是指在保护问题上，要区分轻重缓急，体现了李瑞环同志提出的要"先救命，后治病"的要求。"合理利用"的"合理"有两层意思：其一，利用是否合理。首先是要掌握一个"度"，即保护与破坏之间的"临界点"，超越了这个"度"，影响到文物的安全就是不合理，反之，即是合理的。其二，利用的目的是把文物仅仅当作"摇钱树"，还是充分发挥文物的宣传教育、科学研究的作用，为加强社会主义精神文明建设服务。前者是不合理的，后者是合理的。前者的利用即使是能保证文物安全，依然是不合理的；后者的利用如不能保证文物安全，同样也是不合理的。因此，只有完全符合以上两个条件，才能算是真正的"合理利用"。这样说并不是完全不要经济利益。事实上，越是重视社会效益，经济效益就越好。反之，如果只是单纯地追求局部的暂时的经济效益，不仅会损害社会效益，归根结底，还会损害长远的经济效益。"加强管理"应当是既管"保"又管"用"。因此，正确处理文物的保护和利用的关系，正确处理文物利用的社会效益和经济效益的关系，是"加强管理"的重要内容。"加强管理"的主要任务，就是严格执法，采取各种有效措施，排除一切危及文物安全的因素，克服种种危害事业发展的倾向。在文物保护与利用的过程中，坚持把保护放在首位，以社会效益为最高准则。在保护的前提下，充分发挥文物在各个方面的积极作用。只有这样才是全面准确地贯彻执行了文物保护工作的方针，也只有这样才能保证文物保护工作沿着正确方向健康持续地向前发展。

二、修改和修订《文物保护法》中的坚持

（一）修改《文物保护法》有关条款

公元 20 世纪 80 年代，身为国家文物局顾问的谢辰生，为文

四八　公元 1987 年，谢辰生与女儿女婿在华盛顿。

物事业的发展时刻奔忙在海内外（图四八）。当时，全国各地文物盗窃、盗掘和走私活动屡有发生，甚至在一些地方愈演愈烈，不但使我国文物遭到严重破坏，还败坏了社会风气，更有损于社会主义精神文明和物质文物建设。为了保护文物，打击文物犯罪活动，国务院、公安部和文物局相继采取了一系列打击措施。公元 1987 年 5 月 19 日，国务院召开第 141 次常务会议，会议由万里副总理主持。文化部文物事业管理局谢辰生在会上就关于打击盗掘、走私文物活动的问题做了汇报和说明。文化部副部长高占祥、国家文物委员会主任廖井丹、文物局副局长沈竹参加会议。会议讨论了由谢辰生起草的《关于打击盗掘和走私文物活动的通告》，会议决定同意由国务院颁发该《通告》。

　　公元 1987 年 5 月 26 日，《中华人民共和国国务院关于打击盗掘和走私文物活动的通告》公布。《通告》内容共有七项，其中第一项规定："我国地下、内水和领海中遗存的一切文物，统属国家所有，非经国家文化行政部门批准，任何单位和个人，不得以任何借口私自掘取。……私自挖掘古遗址、古墓葬的，依照《刑法》《文物保护法》有关规定予以严惩。"第三项规定："对盗掘走私文物知情不举的，要追究其责任；窝藏、包庇盗掘、走私文物犯罪分子的，依法追究其刑事责任。"第五项规定："公安、司法、工商、海关和文化行政管理等有关部门要相互配合、密切协作，坚决打击盗掘和走私文物的违法活动。"《通告》还对宣传贯彻《文物保护法》以及对揭发检举文物犯罪分子有功人员奖励等都做出了明确规定。国务院《通告》发布后，全国深入宣传贯彻，开展了打击文物盗窃、盗掘和走私违法犯罪活动，严惩了一批犯罪分子，文物犯罪活动一度得到一定程度的遏制。

公元 1987 年底至 1988 年 5 月，湖南省邵阳市所辖境内被盗古墓约三千座，仅新宁县被盗古墓即高达两千五百座。公元 1990 年 1 月以来，河南省荥阳广武山东西 20 公里的范围内，就有近千座古墓葬被盗掘。有的地方群众受人蛊惑和煽动，从三五成群地夜里偷着盗挖古墓，竟然发展到成百上千的群众光天化日之下明火执仗地大肆盗墓，疯狂的人群中甚至包括一些党员和村干部。所用作案工具也日益现代化，从手挖肩扛到炸药汽车，有的甚至鸣枪示威，气焰十分嚣张。文物安全形势趋于严峻。公元 1991 年 3 月 29 日，在七届全国政协第四次会议上，全国政协委员谢辰生作了《建议采取坚决果断措施，严厉打击盗墓的犯罪活动》的大会发言，发言中历数盗墓犯罪的大量触目惊心的事实，深刻分析了盗墓活动恶性发展的原因。他指出："惩罚不严、打击不力是盗墓活动恶性发展、屡禁不止的重要原因。一些地方对盗墓活动或者视而不见，听之任之，或者以罚代刑。有一个县三百多座古墓被盗，查获盗掘和走私案五十多起，涉及一百五十多人，但大都追赃罚款了事。这就助长了一些人'不怕抗拒从严，只要家里有钱'。有的地方一些盗墓分子和文物贩子已经因此致富盖起高级住宅，有的犯罪分子发财后逃出境外，加入了外籍，又持外国护照潜回故乡继续作案。造成惩罚不严、打击不力的原因，一方面是有些地方领导和有关部门对保护文物的重要意义缺乏认识，对文物破坏造成的严重后果也认识不足。另一方面，法律规定也确有不完善之处。《文物保护法》规定：'私自挖掘古文化遗址、古墓葬，以盗窃论处。'……以盗窃论罪，往往以盗窃所得的价值金额量刑。事实上，古文化遗址、古墓葬主要在于它的历史、科学价值。……科学价值的损失，是不能用值钱多少来衡量的。因此，盗掘古墓不宜与一般盗窃犯罪等同对待。"为此，他在发言中提出："为了严厉打击目前盗掘古墓的犯罪活动，保护祖国文化遗产，我们建议：第一，请全国人大常委会在《刑法》中增加关于盗掘古墓量刑标准的条款；第二，把严厉打击盗墓犯罪活动，纳入最近中央成立的全国治安综合治理委员会的工作范围；第三，请国务院责成各级人民政府，对所辖行政区域内发生的盗掘古墓犯罪活动，要组织公安、海关、工商行政管理、文物等部门共同协作，综合治理，大张旗鼓地开展专项斗争。打击不力者，要追究领导责任。纵容包庇，以及勾结犯罪分子作案的，要从严、从重处理。"

谢辰生委员的发言，最终以 1099 号提案提交，谢辰生是第一提案人，并联名一百四十多名政协委员。同时，谢辰生委员又与部分委员联名致信中共中央政治局常委、中纪委书记、中央社会治安综合治理委员会主任乔石和中共中央政治局常委、中央书记处书记李瑞环，反映了提案中所述情况和提出的意见，李瑞环做了批示。谢辰生委员在七届全国政协第四次会议上的发言，分析了盗墓恶性发展、屡禁不止的重要原因，其中涉及《文物保护法》规定不完善之处。换言之，《文物保护法》对"私自盗掘古文化遗址、古墓葬，以盗窃论处"的规定，已经滞后，不能适应新的形势下严厉打击盗掘文物犯罪活动要求。其实，从公元 1990 年开始，国家文物局和国务院法制局就启动了修改《文物保护法》第三十条、第三十一条的工作，以期为打击文物犯罪活动提供强有力的法律支撑。在修改草案完成后，适时提请全国人大常委会审议。谢辰生等全国政协委员的上述提案，对全国人大常委会审议起到了积极的推动作用。

四九　公元 1991 年 10 月，国家文物局在山东泰安举办文物
　　　处长研讨班（前排左三为谢辰生）。

五〇　公元 1993 年，全国考古工作汇报会在广东平沙召开
　　　（前排右七为谢辰生）。

公元 1991 年 6 月 29 日，七届全国人大常委会第二十次会议通过了《关于修改 < 中华人民共和国文物保护法 > 第三十条、第三十一条的决定》和《关于惩治盗掘古文化遗址、古墓葬犯罪的补充规定》，由国家主席杨尚昆于同日公布实施。两份文件的颁布实施，是制止文物破坏、加强文物保护的重要举措。特别是为打击盗掘古文化遗址、古墓葬犯罪活动，严惩盗掘文物犯罪分子，提供了强有力的法律保障。具体而言，这次修改《文物保护法》第三十一条，删去了原第三十一条第二款，即"私自盗掘古文化遗址、古墓葬的，以盗窃论处"。修改后的第三十一条增加"盗掘古文化遗址、古墓葬的"的规定，追究刑事责任，按《关于惩治盗掘古文化遗址、古墓葬犯罪的补充规定》惩处。这一时期，谢辰生奔波各地，开会调研，十分繁忙（图四九、五〇）。

（二）参与修订《文物保护法》

公元 1982 年《文物保护法》是根据宪法制定的我国文化领域的第一部法律。该法的贯彻实施，使文物保护不断取得重要成绩，文物事业有了更大发展，取得举世瞩目的重大成就。同时，随着改革开放的不断深入，社会经济的迅速发展，特别是社会主义市场经济体制的逐步建立，出现了一些新的情况和问题。在文物保护管理中，有些问题的解决和处理缺乏明确的法律依据。有些文物保护的措施和制度，也需要随着形势的发展变化做出调整，从而进一步发展和完善文物保护法律制度。经上级领导同意，国家文物局于公元 1996 年 10 月启动修订《文物保护法》的工作。首先，经认真研究，确定了修订《文物保护法》三个重点方面：一是加大文物保护措施，二是进一步规范文物市场，三是加大文物执法力度。同时，开始调研，并就三个重点方面展开讨论。第二，起草修订《文物保护法》草案，经征求意见和研究修改后上报。

公元 1997 年 3 月，国家文物局在广西桂林召开文物法制工作座谈会，主要讨论修订《文物保护法》事项（图五一）。参加这次座谈会的有各省、自治区、直辖市文物行政管理部门的同志，有全国人大常委会委员聂大江、全国人大教科文卫委员会委员李

五一　公元 1997 年 3 月，国家文物局在广西桂林召开文物
　　　　法制工作座谈会（前排左三为谢辰生）。

宣化（原兰州军区政委），有国务院法制办教科文司张桂英，还
有国家文物局原顾问谢辰生等。在座谈会期间和会后，聂大江、
谢辰生、张桂英和国家文物局有关同志在桂林、柳州围绕修订《文
物保护法》问题进行了调查研究。

　　国家文物局在完成修订《文物保护法》调研和修订《文物保
护法》草案后报文化部，经部务会议讨论同意，于公元 1998 年 5
月 20 日报国务院。国务院法制办在对上报的修订《文物保护法》
草案进行调研和修改过程中，谢辰生根据国家文物局的安排都亲
自参加，并旗帜鲜明地提出自己的意见和建议，坚决与错误主张
做斗争，保证文物保护法修订在符合文物工作科学逻辑的轨道上
进行。公元 2000 年 4 月，国务院法制办教科文司副司长张建华等
为修订《文物保护法》草案到安徽省和浙江省调研，国家文物局
安排彭常新陪同，同时陪同调研的还有修订《文物保护法》顾问
谢辰生和李晓东。调研组在安徽合肥和皖南地区展开调研，并与
当地文物干部和有关人员座谈，了解情况和文物保护需要解决的

五二　公元 2000 年 4 月,国务院法制办为修订《文物保护法》
　　　组织有关人员到安徽歙县调研（左一为谢辰生）。

五三　公元 2000 年 4 月,国务院法制办为修订《文物保护法》
　　　组织有关人员到安徽和浙江调研（左五为谢辰生）。

五四　公元 2000 年 4 月,国务院法制办为修订《文物保护法》
　　　组织有关人员到浙江绍兴调研（前排右三谢辰生）。

五五   公元 2000 年，谢辰生在云南丽江考察登玉龙雪山。

问题。之后，从歙县到浙江，又在浙江杭州、绍兴和云南等地调研（图五二～五五）。在绍兴调研座谈会上，国务院法制办张建华、刘晓霞和国家文物局谢辰生、李晓东等，对绍兴市把绍兴市文物局划归旅游公司，作为旅游公司的一个下属单位，把鲁迅故居、大禹陵等全国重点文物保护单位纳入公司管理，并下达经济指标等做法，明确提出不同意见。他们申明这样做是错误的：一是政企不分，与国家政策相违背；二是把文物保护单位作为商业经营，改变了文物保护和文物事业的公益性质；三是严重影响和干扰了文物保护工作和发挥文物宣传教育等作用，甚至可能造成文物破坏。

没想到一语成谶。最让谢辰生等人担心的，也是最不愿见到的文物被毁事件还是发生了。位于山东省曲阜市的世界文化遗产、全国重点文物保护单位"三孔"（孔府、孔庙、孔林），在当地文物旅游体制改革中，其管理权被直接租赁给新成立的孔子国际旅游股份有限公司，让没有任何文物保护经验的公司去管理文物，从此埋下了巨大的隐患。公元 2000 年 11 月 22 日下午，该公司保卫科职工私自驾车进入孔庙，将十三碑亭东侧《御赐尚飨释之记》石碑撞倒，导致该碑碎裂数块，局部难以复原，造成的损失难以弥补。此石碑立于元惠宗至元五年（公元 1339 年），是孔庙现存记载元代皇帝祭孔的唯一石碑，是重要的元代孔庙记事碑，具有极高的历史价值。事发后，直接责任人和其他相关责任人都受到了相应刑事处罚和行政处分。时隔半月，公元 2000 年 12 月 6 日至 13 日，该公司在租赁的文物区进行大规模的卫生清理活动，致使三处古建筑群的二十二个文物点不同程度受损，有的损坏严重。经国家文物局调查发现在孔庙、孔府、颜庙等多处出现了用水冲刷、硬物摩擦和掸抹、擦拭文物的现象。这就是"水洗三孔"事件。它引起多方关注，也造成极为恶劣的社会影响。山东省各级党委、政府组织的调查督导组、专家组多次现场调查和科学认证，最终认定这是一起文物受损责任事件，要求当地政府理顺文物管理体制，尽快处理相关责任人。

　　其实在谢辰生于公元 1999 年 2 月 14 日写给李铁映（时任中共中央政治局委员）的信中就曾提到有的地方试图把文保单位和博物馆与旅游企业合组成旅游公司，并准备上市（图五六）。这里面涉及到一些历史文物，甚至涉及到如井冈山、红岩，乃至总理和鲁迅纪念馆等革命文物。谢辰生忧心忡忡地表示：这种设想是不妥当的。旅游是经济产业，旅游公司是以谋求利润为目的的经济实体，文博单位则是以促进建设社会主义精神文明为宗旨的社会公益事业。把两个性质根本不同的事物捆绑在一起，就混淆了事物的质的区别，就会把事情搞乱。信件得到批示，文保单位和博物馆与旅游企业合并捆绑上市的现象暂时得到遏制。不过，这股合并之风非但并未因此销声匿迹，还有愈演愈烈之势。"三孔"接连发生的文物破坏事件便是佐证。公元 2002 年 8 月 19 日，谢辰生又致信李岚清（时任中央政治局常委、国务院副总理），对在修法调研中发现的绍兴、曲阜等地把全国重点文物保护单位划归旅游公司领导的做法提出不同意见，请求予以纠正。他在信中写道："绍兴市把周恩来纪念馆、鲁迅博物馆等几个收入较多

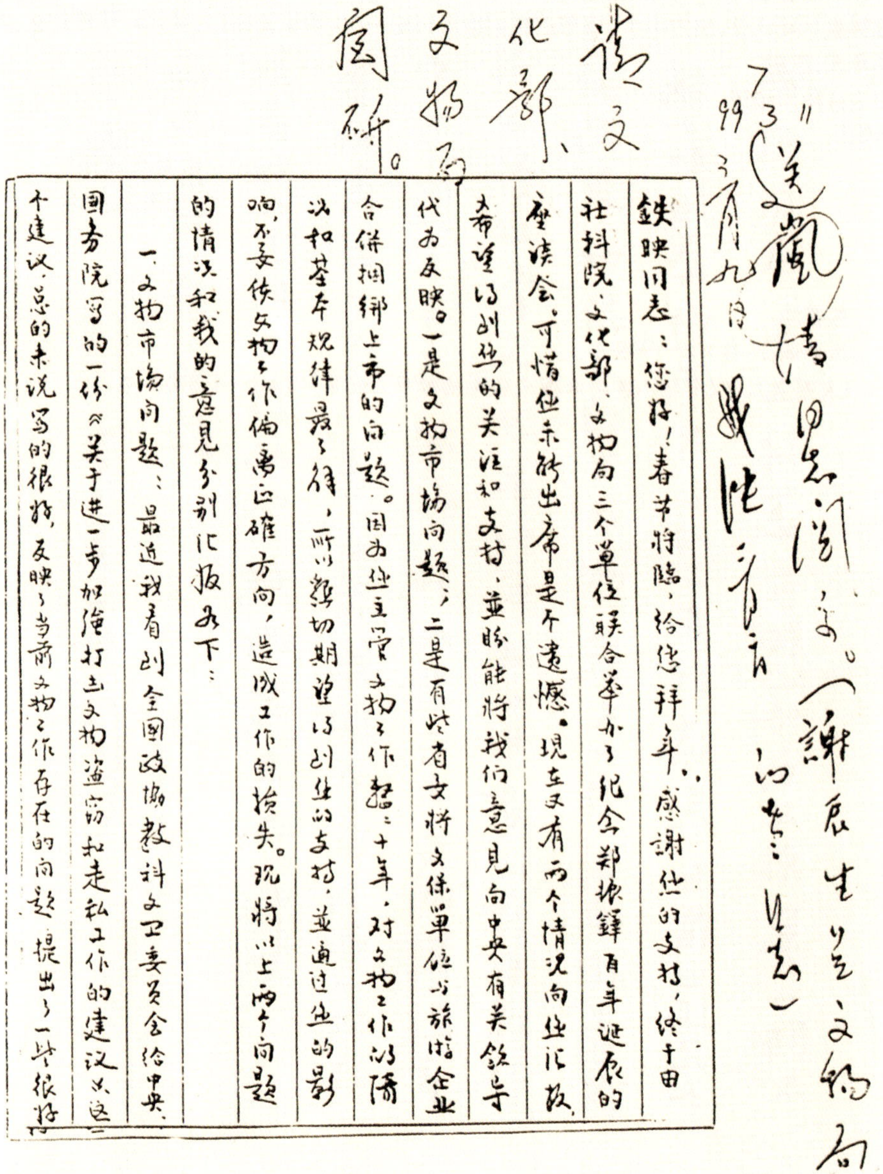

送岚清同志阅。

请文化部、文物局研。

铁映同志：您好！春节将临，给您拜年。感谢您的支持，终于由社科院、文化部、文物局三个单位联合举办了纪念郑振铎百年诞辰的座谈会，可惜您未能出席是个遗憾。现在又有两个情况向您汇报，希望得到您的关注和支持，并盼能将我们意见向中央有关领导代为反映。一是文物市场问题；二是有些省又将文保单位与旅游企业合併捆绑上市的问题。因为您主管文物工作多年，对文物工作的情况和基本规律最了解，所以殷切期望得到您的支持，并通过您的影响，不要使文物工作偏离正确方向，造成工作的损失。现将以上两个问题的情况和我的意见分别汇报如下：

一、文物市场问题：最近我看到全国政协教科文卫委员会给中央、国务院写的一份《关于进一步加强打击文物盗窃和走私工作的建议》，这个建议，总的来说写的很好，反映了当前文物工作存在的问题，提出了一些很好

五六　公元 1999 年 2 月 14 日，谢辰生写给李铁映的信函。

的文博单位统统划归旅游公司领导，市文物局也并入公司，局长是公司的副经理。因此，文物局名义上是政府职能部门、行政机构，实质上属公司管。中央一再强调要政企分开，企业要与政府脱钩。而绍兴却创造了一个政企合并，由企管政的'新体制'，这恐怕古今中外全世界都是没有先例的。"并且强调："如此发展下去，不加制止，恐怕全国重要文博单位只要收入好的都将陆续被旅游公司所兼并。整个文博事业岂不被肢解了吗？文物行政部门又怎么进行统一管理？"最后谢辰生郑重提出自己的意见和建议："文物工作是一项政策性、专业性很强的工作，……为此，哪些文物可以'开发'？如何'开发'？'开发'到什么程度？哪些文物不宜'开发'，或者暂时不宜'开发'，都应当由文物主管部门根据中央确定的文物工作方针和政策，遵循文物工作本身的客观规律来作决定，而不宜单纯从旅游需要来决定。"谢辰生的上书推动了修订《文物保护法》中相关条款的设置。

公元 2001 年 7 月，国务院法制办教科文司在北京和大连召开《文物保护法》修改稿最后审改会，谢辰生对一些有争议的事项和错误，从文物保护历史和现实与文物保护特点和规律等方面提出不同意见，坚持自己的观点和正确意见。同年 8 月 27 日，文物局召开修法座谈会，主要征求对《文物保护法》修改稿第 40 条的意见。原修改稿第 40 条继承了 1982 年《文物保护法》的精神规定了"馆藏文物禁止转让、出租或者质押"。这次修改稿完全推翻这一方案，提出馆藏文物可以出租、出借、交换、有偿转让，甚至出售或者拍卖。谢辰生等人非常不解，坚决不同意。谢辰生等与会专家认为国有收藏单位的馆藏文物是全民所有的国家资产，所有权属于国家，国有文物收藏单位对所藏文物只有保护管理的责任，而无进行占用和处分的权利，自行处理本单位的文物是对国家所有权的侵犯，是违法的。有鉴于此，谢辰生于公元 2001 年 8 月 31 日起草了致孙家正（时任文化部部长、党组书记）的信，并由原国家文物局副局长沈竹、马自树、黄景略、彭卿云联署，对法制办在新的一稿中突然提出国有馆藏文物可以出租、出借、

五七　公元 2002 年 9 月，文物保护法立法论证会出席人员合
　　　影（前排左一为谢辰生）。

交换、有偿转让，甚至出售和拍卖等提出不同意见，请求坚持原
有规定。早在公元 1999 年 2 月 14 日，谢辰生就在写给李铁映的
信中，反映了对近期看到的全国政协教科文卫委员会给中央、国
务院写的一份《关于进一步加强打击文物盗窃和走私的建议》中
有关允许馆藏三级或三级以下文物上市流通，并参与文物的国际
交流等问题提出不同意见。他在信中陈述了自己的观点：这是违
反《文物保护法》。《文物保护法》及其细则明确规定禁止出卖
馆藏文物，三级文物属于珍贵文物；珍贵文物一律禁止出境。

　　公元 2001 年 9 月 21 日，国务院常务会议讨论通过《文物保
护法》修订草案。公元 2001 年 10 月，提请九届全国人大常委会
第二十四次会议审议。审议期间，全国人大教科文卫委员会、全
国人大法律委员会、全国人大常委会法工委分别召开文物保护法
修订座谈会、立法论证会（图五七），进行反复调研、论证和审议。
在全国人大常委会法工委召开的对《文物保护法》修订草案讨论
修改和立法论证会上，谢辰生对一些有争议的问题谈了自己的意
见，态度鲜明地反对一些错误意见。他坚持文物保护特点和规律，

坚持文物工作公益性和社会效益是最高准则，反对出卖国有馆藏文物，反对把国有文物保护单位作商业经营，维护了国家和民族利益。谢辰生的一些重要意见，对修订《文物保护法》条款的最后确定起到了积极作用，他的意见也最终体现在修订条款中。如公元 2002 年 10 月 28 日九届全国人大常委会第三十次会议通过的修订《文物保护法》第二十四条规定："国有不可移动文物不得转让、抵押。建立博物馆、保管所或辟为参观游览场所的国有文物保护单位，不得作为企业资产经营。"第四十四条规定："禁止国有文物收藏单位将馆藏文物赠予、出租或出售给其他单位或个人。"

（三）公元 2002 年《文物保护法》颁布

公元 2002 年 10 月 28 日第九届全国人民代表大会常务委员会

五八　公元 2002 年 10 月，第九届全国人大常委会修订通过的《中华人民共和国文物保护法》。

第三十次会议通过修订的《中华人民共和国文物保护法》，即公元 2002 年《文物保护法》。该法共八章八十条，包括总则、不可移动文物、考古发掘、馆藏文物、民间收藏文物、文物出境进境、法律责任、附则等八部分内容。与公元 1982 年《文物保护法》相比，公元 2002 年《文物保护法》主要有三点变化：进一步加大文物保护措施；进一步规范民间文物收藏；加大执法力度，确立了文物主管部门行政处罚权。公元 2002 年《文物保护法》是公元 1982 年《文物保护法》的继承、发展和完善，总结了公元 1982 年以来文物工作的实践经验，对社会主义市场经济条件下文物的保护、利用和管理等问题进行了规范，是文物保护法律建设与时俱进的重大成果和新的里程碑（图五八）。

　　谢辰生是这样看待此次《文物保护法》修订的。他认为公元 1982 年《文物保护法》实际上是"文化大革命"后实行拨乱反正的产物，也可以说是改革开放的产物。《文物保护法》制定的基本原则、基本方针和基本要求都是正确的，没有过时，而且当时制定法律时吸收了国际上各方面的经验，与国际通行原则是接轨的。《文物保护法》在过去二十年中发挥了重要作用，文物保护工作所取得的成绩与法律的贯彻执行是分不开的。随着改革开放的深入，计划经济到市场经济体制的转变，带来了社会环境的变化，出现了原来没有预料到的一些新情况、新问题。由于没有针对性措施，因此，在执行上就会比较困难。因此把过去提出的原则与当前的情况相结合，有针对性地解决新情况、新问题，是我国修订《文物保护法》的出发点，离开了这个原则都是错误的。正是执着于这个出发点，谢辰生在整个修法过程中都始终坚持从文物保护基本原则和基本方针的角度去看待和解决新情况新问题。比如在馆藏文物的处置、民间收藏文物的管理以及文物保护单位与旅游部门关系处理等争论比较激烈的问题上，谢辰生始终以全国人民的长远利益和根本利益为重，让基本原则更深入地解决问题。为此，谢辰生在修法前后进行了大量的调研和宣传工作（图五九～图六四）。

五九　公元 2002 年 11 月，谢辰生（左二）、李晓东（左一）
　　　和彭卿云（右一）在澳门艺术博物馆参观中国文物展览。

六○　公元 2002 年 12 月，中国文物学会在香港沙田举行会
　　　议（二排右三为谢辰生）。

六一　公元 2002 年底，全国人大召开文物保护法颁布座谈会
　　　（前排左一为谢辰生）。

六二　公元 2003 年 2 月，全国人大教科文卫委员会和国家文
　　　物局在北京联合召开宣传贯彻《中华人民共和国文物
　　　保护法》座谈会（左二为谢辰生，左五为彭珮云）。

六三 公元2003年11月，文物保护法规研讨会在昆明召开
（前排左六为谢辰生）。

六四 公元2005年10月，谢辰生（左三）参加国际古迹遗
址理事会第15届大会年会。

三、抢救长江三峡文物行动

　　在长江三峡修建大坝，高峡出平湖，是几代中国人的梦想。在党和国家正式做出决定之前，各方面的科学调查研究、论证工作都已有序进行。公元1992年，国家正式决定兴建长江三峡水利枢纽，国家文物局、四川省和湖北省文化厅分别组织文物考古工作人员对三峡库区的文物古迹进行详细调查（图六五）。

　　全国政协委员谢辰生对长江三峡库区的文物保护十分关心和重视。在公元1992年4月全国政协七届五次会议上，他作了《应当高度重视三峡工程淹没区的文物保护问题》的发言。他在发言中说："长江流域和黄河流域一样，是中华民族早期文化发祥地之一。三峡地区又恰好是早期文化遗存集中的重点地区，在三峡地区的大量古文化遗址和古墓葬，对于研究楚文化、巴蜀文化及其相互关系具有极为重要的科学价值。尤其是巴文化主要分

　　六五　公元1992年，国家文物局领导和专家考察三峡工程时合影（右一为谢辰生、右二为罗哲文、右四为张德勤、右五为俞伟超）。

布在三峡地区，如果任其淹没，就会使巴文化的研究失去了重要依据，在科学上、文化上造成不可估量的损失。"他说："重视不重视文化遗产，是衡量一个国家文明程度的尺度之一。……三峡工程是举世瞩目的巨大工程，在这个工程中，我们怎样对待文物保护的态度，同样是举世瞩目的。希望国家有关部门，特别是水利部门和文物部门要重视这一问题。……必须对三峡地区所有文物，在全部勘察的基础上，分类、排队，根据其价值大小，试行'重点保护、重点发掘'的方针，想尽一切办法以最大的努力，把其中最重要的文物尽可能'抢救'下来，把文物损失减少到最小的程度。这是一项十分艰巨而刻不容缓的任务。"为此，他在发言中提出三点建议：（1）根据《文物保护法》规定，"凡进行大型基本建设工程项目有关文物保护、调查、勘探、考古发掘的经费应列入建设单位的投资计划和劳动计划。因此，这项经费应当按法律规定在三峡工程经费中作为一个独立项目单列，不宜列入移民预算。由于时间紧迫，文物勘探、调查、发掘、迁移工作都必须超前进行，现在就需要拨出一定经费，以利工作尽快进行。"（2）国家文物局要成立专门班子，"在全国范围内抽调专业干部支援三峡工程淹没区文物'抢救'工作。同时进行这项工作的文物干部力量和经费，应由国家文物行政主管部门统一调配、统一掌握，组织实施，以免分散使用，造成浪费。"（3）"对于重点保护和发掘的文物，要采取不同的保护措施，并充分发挥文物的作用。发掘出土的文物可以在三峡地区的适当地点建立博物馆保存和展出。白鹤梁石刻是不可移动文物，只能就地保存，可考虑辟为水下博物馆。这样既有利于文物保护和发挥文物作用，又可以为三峡地区增添新的景点，促进旅游事业的发展。这些项目希望能纳入三峡地区的建设规划。"

同时，在谢辰生委员发言稿的基础上，形成了一份提案。他与其他七十六位委员联合向大会提出了《应当高度重视三峡工程淹没区的文物保护工作》的提案，从而进一步彰显了它的重要性和价值。谢辰生委员的上述发言和与七十六位委员的提案，其内容中有一些借鉴了新中国成立以来在大型基本建设工程中抢救、保护文物的成功经验，如由国家文化行政主管部门组织全国文物工作力量的经验。同时，又根据长江三峡工程淹没区范围广大、抢救保护任务艰巨、工作量大、时间紧迫等特点，提出了抢救保护三峡库区文物的原则、组织力量和经费安排，保护不同文物的措施办法等，具有重要价值和现实意义。

　　公元 1992 年 11 月 30 日，国家文物局成立三峡工程文物保护工作领导小组，谢辰生为领导小组成员（图六六）。12 月，国家文物局在北京召开三峡工程文物保护工作领导小组第一次会议，谢辰生参加会议。会议讨论了《三峡工程文物保护规划大纲》，并就下一段工作做了部署。公元 1993 年 11 月开始，国家文物局与四川省、湖北省文化厅进一步组织全国大批文物考古队伍进入长江三峡地区，对库区文物进行了全面普查、勘察，为制定三峡工程文物保护规划打下了初步基础。根据国务院三

　　六六　公元 1993 年 10 月，谢辰生陪同全国政协副主席钱伟长考察三峡工程。

峡工程建设委员会要求，国家文物局于公元1994年3月指定由中国历史博物馆和中国文物研究所承担制定三峡工程库区文物保护规划的任务，成立"三峡工程库区文物保护规划组"，俞伟超为规划组组长，黄克忠为副组长，规划组成员有徐光冀、傅连兴，具体负责三峡工程淹没和移民迁建区文物保护规划制定工作。

文物情况清楚，长江三峡工程库区文物保护规划才有科学基础。国家文物局组织全国二十四个文物考古、博物馆等科研单位和高等院校的专业力量，从公元1993年11月和12月陆续进入长江三峡工程库区的广大地区，对现存各类地上地下和水下文物进行全面调查、勘察工作。公元1994年5月，又组织六个科研单位力量陆续进入三峡库区，对历史环境、民俗文物、博物馆建设调研和对地下遗迹进行物理勘探等工作。公元1995年春夏，湖北、四川两省文物考古研究所又对三峡工程移民迁建区的地上地下文物作了全面调查和勘察。经过以上全面调查、勘察工作，在长江三峡工程淹没区和移民迁建区内，已确认有地下文物八百二十九处，地上文物四百五十三处。这些文物古迹，俞伟超教授对其重要性和独特性概括为十个方面，认为它们是古代中国文明整体中的重要组成部分，是一个很有自身特点的系统。

规划组经过大量艰苦细致的工作，于公元1996年5月编制完成了《长江三峡工程淹没及迁建区文物古迹保护规划报告》，共25本和附录5本、附件1本，分别提交湖北省移民局、四川省移民办（含重庆市移民局）、长江委库区处进行审议，同时也提交三峡建委移民局（图六七）。公元1997年12月和1998年2月分别通过湖北省人民政府和重庆市人民政府验收。受国务院三峡工程建设委员会办公室的委托，规划组于公元1998年9月6日至10日，在北京召开了《长江三峡工程淹没及迁建区文物古迹保护规划报告》专家论证会，谢辰生和各方面专家学者参加了论证会。谢辰生和专家们到三峡库区对文物抢救保护情况考察后，于公元1998年6月30日撰写了《对〈长江三峡工程淹没

六七　公元1996年，国家文物局组建"三峡工程库区文物保
　　　护规划组"，组织全国三十多个科研单位和大专院校编
　　　制完成了《长江三峡工程淹没及迁建区文物古迹保护
　　　规划报告》，为三峡工程库区文物保护工作的顺利实施
　　　奠定了坚实的基础。

及迁建区文物古迹保护规划〉的意见》。他明确写道："一，
《长江三峡工程淹没及迁建区文物古迹保护规划》（以下简称
《规划》）是由三十多个科研单位、大专院校的专业人员，经过
三年的艰苦努力,在库区各级政府和文物工作者的参与和支持下,
共同制定的。总的来说，是个好规划。《规划》根据文物的不同
类型和价值，提出了不同的处理办法，特别是地下文物确定的发
掘面积仅占总面积的7%作用，充分体现了'重点保护，重点发
掘'的方针。因此，我认为可以原则同意这个规划。但是，几年
来客观情况已经发生了变化：一是一些城市新区又发现了一些新
的地下文物点，有的已经发掘的文物点在发掘过程中又有了新的
重要发现；二是地面文物点有的在移民过程中已遭破坏，有些确

定搬迁的对象残破过甚已难以搬迁等等。据此，建议根据现在的实际情况，对规划作适当的调整。具体哪些项目需要调整，建议组织有关专家与规划组一起分类排队，共同协商确定。今后在执行规划时，也还要从实际出发，根据情况作出必要的调整。二，这个《规划》是文物保护规划，保护与发展是有区别的，但又是有联系的。在制定保护规划的同时考虑发展是可以理解的，但在移民经费中不能把发展项目列入计划。因此，要把保护与发展的经费区别开来。凡是纯属发展的项目，所需经费可以不列入移民经费，另外通过其他渠道解决。根据以上原则，建议白鹤梁水下博物馆和三个博物馆建设的经费应另案处理，由国家考虑安排，不列入移民经费。三，鉴于文物保护工作必须考虑在 2003 年以前把海拔 135 米的淹没区及其回水线以下的文物发掘、搬迁等工作全部完成，时间是极为紧迫的。建议对三峡库区文物保护工作要加强领导。一是要加重国家文物局的责任。文物工作专业性很强，业务工作应由国家文物局总把关，统一领导，建立督促检查制度，定期组织专家检查，保证工作质量。二是移民局应加强财务审计制度，以保证经费使用得当。四，地面古代建筑搬迁任务很重，很可能有些文物因时间、经费的原因而无法全部搬迁。因此，当务之急是对所有确定保护的地面文物点，采用测绘、照相、录像等手段加以详细记录，使每处文物点都有一份完整的科学资料。一旦被毁，必要时还可以进行科学复原。建议'三建委'对此即拨出专款，由国家文物局制定记录的具体规范，组织力量立即抓紧落实。"谢辰生从制定规划依据、对不同种类文物的保护措施、情况变化与组织力量调整，保护与发展项目区别与经费不同渠道，加强领导与检查监督等方面，对《规划》提出中肯的意见和建议，针对性和科学性都很强，具有重要价值和现实意义。公元 1998 年 12 月，谢辰生应重庆市移民局之约，参加了三峡白鹤梁题刻等三处重要文物保护方案的论证。

　　《长江三峡工程淹没及迁建区文物古迹保护规划》编制完成，湖北省和重庆市人民政府验收后，国务院"三建委"办公室能否及时批准保护规划，下拨抢救保护经费，是落实保护规划项目、与工程建设抢时间，完成保护任务的关键问题。为了争取国务院"三建委"早批规划、下达经费，谢辰生于公元 1998 年 7 月 6 日，致信朱镕基（时任中共中央政治局常委、国务院总理）。他在信中就目前文物保护严峻形势和问题，急需解决的问题和抢救工作写道："三峡库区文物抢救工作理应超前进行，而且还要组织得当、争分夺秒，才可能把文物损失减少到最小程度。但遗憾的是，几年来，由于认识的差异，意见的分歧，而又未及时协商、交换看法，《规划》迄今未审批，经费迟迟不能到位，以致抢救工作不但未超前，反而远远滞后于移民其他各项工作。通过这次考察，我们深感三峡文物抢救工作是极为艰巨的。目前的情况是，有些地面文物已被确定为保护对象，但在紧张的移民过程中被群众拆除、破坏；地下文物的丰富地区，盗掘、走私文物犯罪分子活动猖獗，有的珍贵出土文物已被走私出境，形势是严峻的。据了解，公元 2003 年的水位到达 135 米的时候，其回水线有的地区要达到156 至 158 米不等。文物抢救必须考虑要在公元 2003 年以前把海拔 135 米的淹没线及其回水线以下的文物发掘、搬迁和其他保护工作全部完成。即使现在《规划》立即批准，经费完全到位，如果不在全国组织业务力量全力以赴，要在短短不足五年的时间里完成《规划》确定的任务，恐怕还是有困难的。因此，必须加强领导、加强管理。"接着，他在信中就文物保护项目和经费渠道提出意见和建议："关于文物保护经费问题，我认为保护三峡库区的文物是国家的责任，制定库区文物保护规划也是国家的任务。其所需经费如果全部列入移民经费计划是有困难的。其不足部分似应由国家负责解决。我建议白鹤梁和博物馆建设经费不列入移民经费，并不是把这个项目取消，而是希望由国家从其他渠道安排解决。特别是白鹤梁是库区唯一的全国重点文物保护单位，价值极高，在国内外都有很大影响。它的经费安排，必须与其他项目同步落实；它的保护工作，必须与其他项目同步进行。"朱镕基对谢辰生的去信作了批示，并批给有关部门负责人。谢辰生致

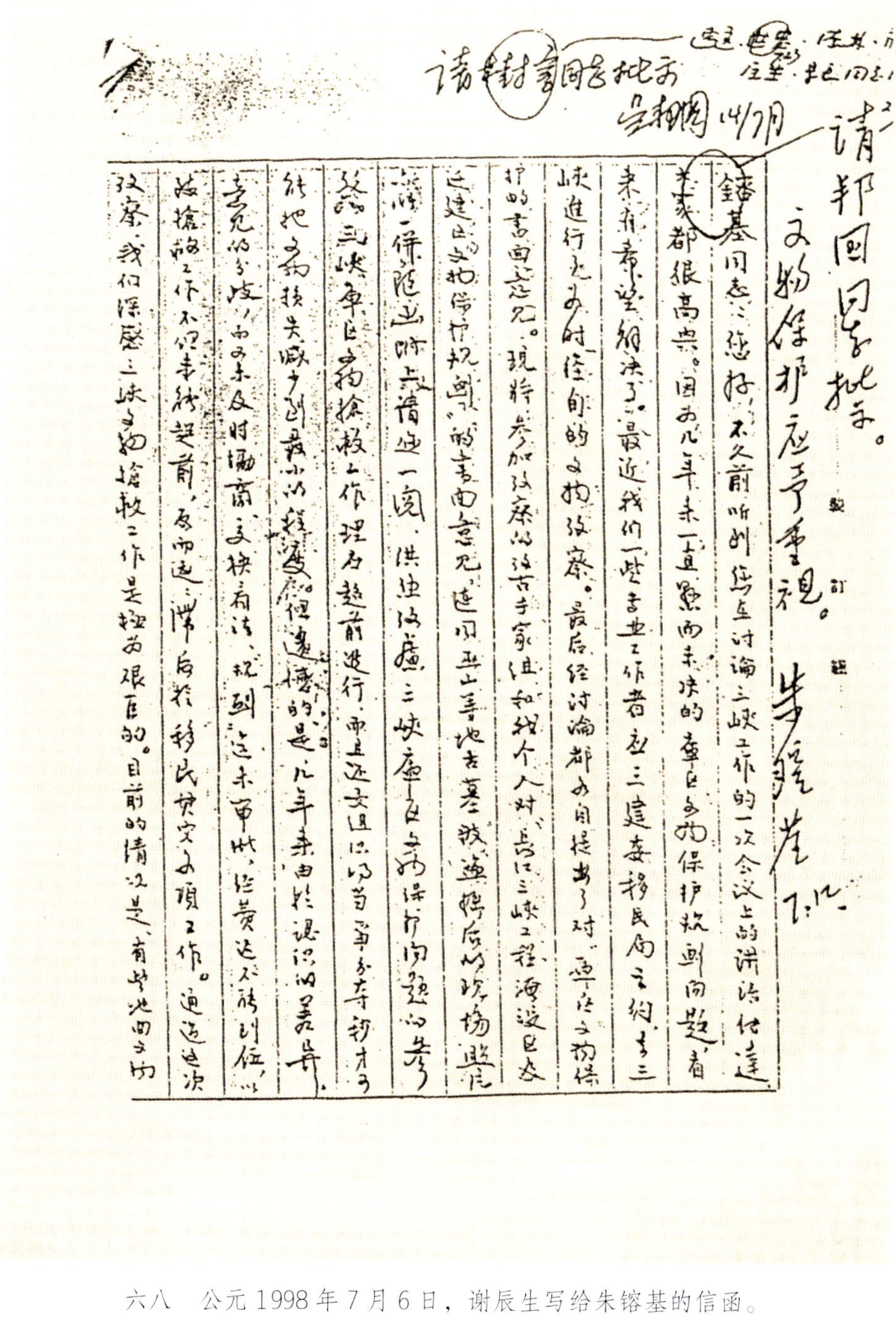

请邦国同志批示。

文物保护应予重视。

朱镕基 7.12

请财○同志批示

朱相国 （14/7月）

镕基同志：您好！不久前听到您在讨论三峡工作的一次会议上的讲话传达，大家都很高兴。因为几年来一直想而未决的事关三峡文物保护就可能得到解决了。最近我们一些搞文物考古工作者对三建委移民局之约有三十来位专家到三峡进行考察。最后经讨论都为回提出了对三峡文物保护问题的几点书面意见。现将参加这次考察的古学家组和我个人对三峡工程淹没区文物进行几天时往的文物考察意见（连同巫山等地去墓被盗掘后的现场照片）及保护三峡库区及沿江地带的文物保护机构的书面意见一并供您决策参考。

长江三峡库区的抢救工作理应趁早进行，而且这女迫切。如今要尽快抢救性发掘我觉得最小程度但仍是几年来由于退耕还林而牺牲的是这未单州经费这几运到位以致把为抢救性发掘上作理应趁早进行。

竟然把多损失啊！而又未及时抢救，文物有这，机遇这次故搞的工作不可能再等终起前，因而这一抢救工作是极为紧迫的。目前的情况是前些地四之功

我们深感三峡文物抢救工作

信朱镕基并附对《规划》的意见，使下情上达。对于中央领导了解情况和解决问题起到了积极推动作用，特别是对国务院"三建委"办公室加快审批《规划》和拨付经费起到了积极敦促作用（图六八）。

三峡工程是中华人民共和国成立以来最大的跨世纪水利工程，也是目前我国最大规模的有组织的文物保护工程。全国一百一十多家文物考古和保护机构、超过五万人次，参与了三峡库区文物考古及研究工作，总投资十九亿元。根据《长江三峡工程淹没及迁建区文物古迹保护规划报告》，经国务院三峡工程建设委员会审批，三峡库区文物保护项目共一千零八十七处，其中地面项目三百六十四处，地下项目七百二十三处。工程实施以来，虽然也有一些波折，但是文物保护工作依然取得了令人瞩目的成就。三峡库区考古发掘严格按照保护规划和工作规程操作，七百七十二处文物得到了发掘保护，出土文物二十四万余件（套），取得了一批重要成果。一是通过对大量墓地、遗址的发掘，极大丰富了自夏商周以来三峡库区的考古发现，排列出三峡文化序列，为研究三峡地区文化发展、文明进程、环境变迁、社会状况的演变积累了大量实物资料。二是出土了大批珍贵文物，丰富了三峡文化，奠定了探索和研究三峡文化发展的基础。三是库区各区县加强了库房建设，文物管理制度更加规范。三峡库区地面文物迁建保护遵循"集中保护，规模发展"的思路，也取得较好成效，三百六十五处（含坝区）文物得到了有效保护。其中文物搬迁复建一百三十二处，原地保护六十三处，留取资料一百六十九处，仿古新建一处。白鹤梁原址水下保护工程、石宝寨文物保护工程、张桓侯庙搬迁保护工程、屈原祠仿古新建保护工程四个重点项目及一批重点地面文物保护项目已全部竣工并投入旅游、文物保护开发，发挥了较好的社会效益和经济效益。一大批具有三峡地区传统风貌的古代建筑、摩崖造像、碑碣、诗文题刻等得到妥善保护，保存了峡江古民俗建筑，展现了库区古民俗文化、历史风貌（图六九、七〇）。

六九　考古人员在三峡库区云阳旧县坪遗址进行发掘工作

七〇　三峡库区重庆段奉节瞿塘峡壁摩崖题刻切割迁移保护工程竣工后题刻复原区景观

公元 2013 年 8 月 31 日，《三峡文物保护成果展》在重庆三峡博物馆开展，第一次系统展示了三峡文物保护工程取得的重要成果。五百七十三件（套）文物与人们近距离接触，现场观众可以看到涪陵小田溪墓群出土的战国鸟形尊、忠县花灯坟墓群出土的汉代击鼓说唱俑、湖北省秭归县东门头遗址的新石器时代太阳人石刻等文物精品，从展览中领略三峡历史文化的厚重，感受三峡库区文物保护的艰辛。此次展览吸引了大批观众，多个媒体争相报道。

四　全身心投入保护历史文化名城

老北京城，小胡同、四合院、城墙城门楼。没有这么多高楼大厦，却古味十足（图七一、七二）。要说老北京城的风貌变化，大概是从公元 20 世纪 50 年代开始的。为了给大规模社会主义建设让路，公元 1952 年起外城城墙被大量拆除。大跃进时达到高潮，拆除城墙逐渐演变为大规模的群众运动，整个外城墙拆毁殆尽，同时灰飞烟灭的还有大多数的城门楼子。公元 1959 年开始拆内城

七一　北京中轴线上的鼓楼与钟楼

七二　北京城东南角楼

城墙。公元 1965 年修地铁，内城城墙又从上至下被连根挖掉。到了公元 20 世纪 70 年代初，整座城墙几无可存。当年谢辰生坚决反对拆城墙，还在公元 1958 年联合其他专家经由文化部给国务院递过建议书，被称为"城墙派"。城墙最终没有摆脱被拆除的命运。直到公元 1979 年 4 月 16 日，德胜门箭楼经过讨论决定不拆后，拆除工程终止。所幸的是，当时大规模的改造、拆除还没牵涉到城市里的胡同、四合院等更精华更核心的部位，可以说古城风貌犹存，只是"扒了层皮"。

转眼到了公元 20 世纪 90 年代，全国不少地方都在搞旧城改造，大拆大建。后来北京也制定了一个改造方案，决定五年内改造完毕。那时候所谓"改造完毕"就指的是"推平头，盖大楼"。果真如此，北京古城将面目全非。公元 2003 年 3 月 4 号，刘淇（时任中共中央政治局委员、北京市委书记）发表了一个讲话，主旨是要加强名城保护，而且提出要整体保护皇城，并且希望皇城能够申遗，变成世界遗产。一直关注北京古城保护的谢辰生从报纸上看到了这个消息，非常高兴，便提笔给刘淇写了封信，大力称赞这是功在当代、利在千秋的决策，同时也流露出对目前情况的担忧。他在信中表示，近几年来，古城格局和风貌已遭到极其严重的破坏，令人痛心。但如果二环以内能立即停止乱拆风，亡羊补牢，还可以依稀看到古城轮廓。并对实施此次决策提出了几点建议，大致包括合理配置城市功能布局、彻底否定"推平头"的危改方式、调整对城区的危改时限、申请国家政策资金支持、危改中要保护老百姓。刘淇在批示中要求规划委从严控制，凡旧城内的拆旧必须经市级领导批准。

北京古城区拆除四合院的行为似乎并没有因为谢辰生的信和刘淇的批示而有所收敛。公元 2003 年 3 月 31 日，谢辰生又着急地给刘淇写了第二封信（图七三），主要说明"目前古城区内拆除四合院的活动正在加紧进行，特别是拆除的对象不但不是危房，恰恰都是由市文物局调查确定需要保护的五百多个四合院中的完好四合院，这也是古城中仅存的精华部分，而且动作极快。如果这些都保不住，您提出整体保护的原则承诺就完全落空了。"并发出紧急呼吁，主要是立即停止拆除完好四合院活动、公布需保护的四合院名单、颁布新的危改文件。谢辰生意识到他的意见可能会触及一些人的利益而招致报复，于是在这封信信末郑重立誓："为了根据中央领导同志的要求向不良倾向作斗争，我不惜付出任何代价，并已做好以身殉城的准备。八旬老朽，死何惧哉！"刘淇批给孟学农（时任北京市市长），提出"有的建议是可行，如公布保护四合院的名单"。4 月 9 日，北京市委常委会召开会议，对危旧房改造与四合院保护问题做出重大决定：暂时停止旧城区内未开工的危改项目；责成市文物局对公元 2002 年调查的五百三十九处四合院进行核查，同时增补遗漏的四合院名单。刘淇还在会上表示要正式给四合院挂牌。见到政府做的这些事情，谢辰生深感欣慰。会议后不久危改项目停工，谢辰生长舒了一口气，心想北京古城终于是保下来了。令其没有想到的是，原来停工是因为当时正好是闹"非典型性肺炎"（又称"非典"）。"非

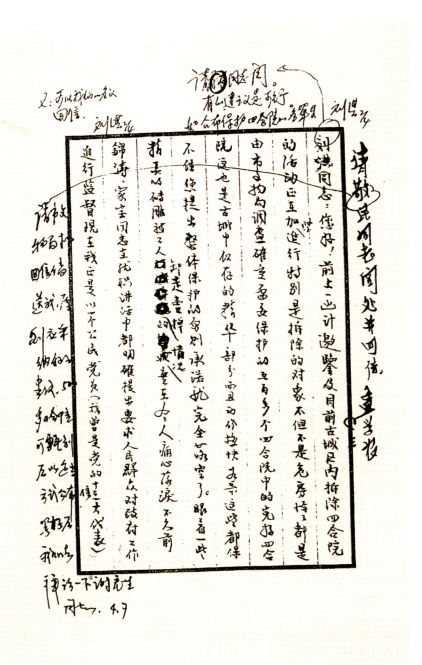

刘淇同志：焦枢，前几天我收到洛民同志的来业内知了四月九

日市委会议的闪青和市里决定对保护四合院判采取的措施格为

欣慰，特别是生必重要批示尤为感谢，我认为市里的设想非常

切合实际我完全拥护。当务之息是要依全部付诸实施倒为

公布西合院名单已今尚未苏资而名单中的一些很好的四合院正在

消失，再拖下去将会有更多的重妥四合院继续被拆毁更使人

遥感忧虑和痛心。据了解，主、非典、肆虐时期正在城区拆毁四合院

的活动的确停止了一段时间，但随着抗击非典斗争不断的胜判立

葛城区拆除活动又开始了。首先是西城区和花市而更个别的拆除还是

成尽的拆除。昂这听洗东城区也又左一些地区的四合院重断写上了拆

七四　公元 2003 年 6 月 21 日，谢辰生写给刘淇的第三封信。

典"一结束，金融街和金宝街，一个在东，一个在西，又开始拆声震天。一些地区的四合院重新写上了"拆"字，"推平头"的危改活动一时间卷土重来。谢辰生见状不禁惊呼：这是直逼皇城啊！6月21日，心急如焚的谢辰生赶紧又给刘淇写了第三封信（图七四）。他痛心于公布保护四合院名单至今没有落实，名单上的四合院正在不断消失，而这完全违背了4月9日市委会议决定精神。他讲到"我们党的规矩历来是下级服从上级，全党服从中央。区委、区政府如有不同意见，可以按正常组织程序提出意见，不能置上级组织的决定于不顾，自行其是"。信件得到了批复，但还是没有阻止拆、拆、拆的势头。

公元2003年7月16日，北京市启动四合院工程。文物部门从旧城一百三十二个危改片中首批选出了二百个四合院，并对其进行挂牌保护（图七五）。北京市委书记刘淇、代市长王岐山出席挂牌仪式，并为东四十二条39号北京市第一个四合院保护院落揭牌。谢辰生也出席了这次活动。他听到刘淇在现场讲话时强调要切实保护好文物，保护好四合院，保护好古都风貌，这是市委、市政府的历史责任；对四合院要成片保护，旧城内不允许成片"推平头，盖楼房"；"新北京"不仅是指建成了CBD、金融街开发区等，更意味着有效保护了历史名城，再现出古都风貌。挂牌仪式第二天（即7月17日），谢辰生与几位老专家一同考察了四合院保护情况，却痛心地发现不少已经列入保护名单，甚至属于文物保护单位的四合院院墙上赫然出现刺目的"拆"字，有的院落已经破败不堪。例如，保护名单中的贡院头条2号院、公元1984年被公布为北京市文物保护单位的于谦祠、公元1986年被公布为东城区文物保护单位的唐绍仪故居（位于立麻线胡同3号院），仿佛都难逃被拆的命运。谢辰生是看在眼里，急在心头。挂牌仪式第三天（即7月18日）午夜，西单前老菜街四五个四合院被砸，甚至有群众被打伤。7月22日深夜，竟发生了北京市检察院的副检察长带人砸了高检职工四合院宿舍的咄咄怪事！谢辰生分明感觉到有一股力量明目张胆地挑战市委、市政府做出的保护古城的

七五　可园是清光绪年间大学士文煜的宅第花园，位于北京东城区帽儿胡同9号，公元2001年被公布为第五批全国重点文物保护单位。

正确决定。简直不像话！这怎么办？

　　眼见着"金钱推土机"步步紧逼，北京古城风貌行将遭到灭顶之灾，谢辰生五内俱焚。他眼见着北京市解决不了这个问题了，于是他毅然在8月24号给胡锦涛、温家宝写信。他在信中疾呼现在问题很严重，必须保护北京城，希望中央支持北京市委、市政府关于保护古城的正确决策，促其早日实现。两位领导人先后做出批示。先是温家宝9月8日批给刘淇和王岐山："谢老作为一名老专家、老党员，所提意见值得重视，应认真研究。保护古都风貌跟历史文化遗产，是首都建设一件大事。各级领导必须提高认识，在工作中注意倾听社会各界的意见，严格执行规划，依法办事，并自觉接受群众监督，不断改进工作。"胡锦涛9日即批示："赞成"，还提到"要注意保护历史文化遗产和古都风貌，关键在于狠抓落实，各有关部门都要大力支持"（图七六）。这两个批示下来，北京市迅速反应，连夜开会贯彻中央领导批示。此次中央领导人的重要批示是北京历史文化名城保护的一次重要转折，刘淇、歧山同志：谢老作为一名老专家、老党员，所提意见值得重视，应认真研究。保护古都风貌和历史文化遗产，是首都建设的一件大事。各级领导必须提高认识，在工作中注意倾听社会各界的意见，并接纳合理化建议，并自觉坚决照办。

锦涛、家宝同志并：

锦涛同志、家宝同志并：

家宝同志：我是八十二年前出生在北京的老北京市公民，又是一名为改造旧城、保护古都风貌和历史文化遗产、保护古都风貌奋斗了半个多世纪的老兵，对北京古城的保护问题极为关切。顷闻戴家宝同志在考察北京城建工作时的讲话，明确提出：要加快旧城改造，改善人民居住条件的同时，十分注意保护好文物和历史文化遗产，保护好古都风貌。对此我感到极为兴奋。这是几个月前听到刘淇同志关于要坚决保护皇城、保护好北京旧城、保护好文物的讲话以来第二次高兴。但是面对最峻的现实工作仍然令人既兴奋又焦虑。

今年四月北京市委提出要加强对北京旧城的保护，以便于广大人民群立进行监督。不久由于非典的胜利之后，拆除活动又摄土重来，西月一些已列入名单的四合院点被拆毁。七月二十日北京市在东四十三条举行首批四合院挂牌保护的仪式。北京市主要做这样刘淇、歧山

接受群众坚持不懈改进工作，

温家宝
九月八日

赞成要注意保护历史文化遗产和古都风貌。

关键在于各有关方面都要大力支持。

根据落实

旧城改造的指导思想变成保护。接下来是如何落实的问题。当时北京市即将展开《北京城市总体规划（2004-2020）》（以下简称《总体规划》）的修编工作，正好批示也在这时候下来了。于是批示精神融入《总体规划》。《总体规划》专设一章"历史文化名城保护"，特别提出加强旧城整体保护，重点保护旧城的传统空间格局与风貌，积极探索适合旧城保护和复兴的危房改造模式，停止大拆大建。许多政策问题在这个《总体规划》里头得到落实。

相对于"丰满"的《总体规划》，现实却是如此"骨感"。自从两位中央领导人批示以来，北京旧城区内拆旧街区、盖高楼大厦的建设活动从未间断，而且再次发生不明身份的人夜袭民宅的恶劣事件。公元 2004 年 8 月 19 日谢辰生再次给温家宝并胡锦涛写信，信中呼吁要采取积极措施把古城仅存的部分保护下来，以免重演拆除北京城墙的历史遗憾。同时，谢辰生向中央领导提出紧急建议，言辞中肯，具体如下："一、北京市《修编》（即对《北京城市总体规划（1991-2010）》的修编）和《名城保护条例》（即《北京历史文化名城保护条例》）出台之前，首规委不要在旧城区内再审批修建商业大厦、高级写字楼、五星宾馆、会议大厦以及成片拆除旧街区的项目（包括中央机关的项目）。二、过去已经审批尚未实施的，也要暂时停止实施，留待《修编》和《条例》出台后，按照《修编》和《条例》的要求进行调整和安排。"温家宝批示要求北京市政府、建设部认真研究，直接听一听谢老的意见。此后，从政策层面上，从领导层面上，北京城市规划应该说基本上明确，那种大拆大建基本就没有了。北京古城核心区和基本格局终于如谢辰生所愿保了下来。北京市整体保护北京古城的做法和经验对全国其他地方保护历史文化名城提供了有益的借鉴（图七七、七八）。

公元 2006 年 10 月 16 日，谢辰生致信温家宝，呼吁采取措施制止南京、常州等城市正在进行的改造历史街区的拆迁活动，并再次呼吁尽快出台《历史文化名城名镇名村保护条例》。翌日，温家宝就信中反映的问题批给建设部会同国家文物局、江苏省政

七七　公元 2004 年 6 月，在河北承德举行纪念避暑山庄及周
　　　围寺庙列入世界文化遗产名录十周年大会（前排左三
　　　为谢辰生）。

七八　公元 2004 年 11 月，国家文物局举行国保单位优化管
　　　理工作调研会（前排右六为谢辰生）。

府调查处理，并要求法制办抓紧制定相关条例。批示后，南京拆
迁工作停止。公元 2009 年 4 月 20 日，谢辰生住进北京协和医院，
接受癌症治疗期间的例行检查。就在住院期间，他收到《南京名
城保护告急》和《天津五大道破坏情况》两份材料。虽然人在病中，

谢辰生心里想到的却还是文物保护。眼见着半个多月过去了，递交中央有关部门和当地政府的两个材料仍未得到回应，谢辰生按捺不住焦急的心情。5月18日，谢辰生给温家宝写信，反映由南京市政府和天津市政府主导的拆迁工作违反《文物保护法》和《历史文化名城名镇名村保护条例》，请求立即采取果断措施抢救，并提出建议：责成建设部会同国家文物局立即派人分赴两个城市进行调查处理，首先立即制止他们正在进行的拆迁活动。同时，还建议建设部会同文物局抓紧筹备召开一次全国历史文化名城保护工作会议，形成一个有针对性和可操作性的贯彻《条例》的文件。在会上要对保护好的城市表扬，对差的批评，敢于亮黄牌、甚至取消名城称号，这样才能树立法律尊严。并随信附上了前述两份材料。5月19日，温家宝就把谢辰生此封上书批给姜伟新（时任住房和城乡建设部长）和单霁翔（时任国家文物局局长）酌处。然而，时间一分一秒不停流逝，两市的拆迁工作却仍在继续，就是不见相关部门采取任何措施。此时的谢辰生，其心情是何等沉重、何等煎熬、何等无奈。抱着复杂的心情，顾不上染癌的痛苦，终于在八天后（5月27日）再次致信温家宝，反映此事。6月1日，温家宝做出批示：“请国办将谢老的意见转告北京、天津、南京市政府并建设部、国家文物局，督察办理情况。”（图七九）谢辰生的去信被批给国办办理，对事情的解决非常有利。6月5日，住房和城乡建设部和国家文物局组成联合调查组来到南京现场调查，要求立即停止全国重点文物保护单位甘熙故居周边拆迁工作，拆迁人员撤离现场。甘熙故居周边建设与规划必须经国家文物局同意，并报城乡建设部批准。但遗憾的是，调查组前脚离开，拆迁队后脚便重回现场继续拆迁老街区。更令人失望的是，7月2日，《南京城市总体规划（2007-2030）》草案对外公示，不但继续回避对历史文化名城进行整体保护，老城的保护区更是大幅缩水。事态的转机出现在这一年的8月份。先是南京市市长调离，南京老城区的拆迁工作基本得到控制。之后南京市召开“城市总体规划历史文化名城保护专项规划专家座谈会”，南京市副市长陆冰

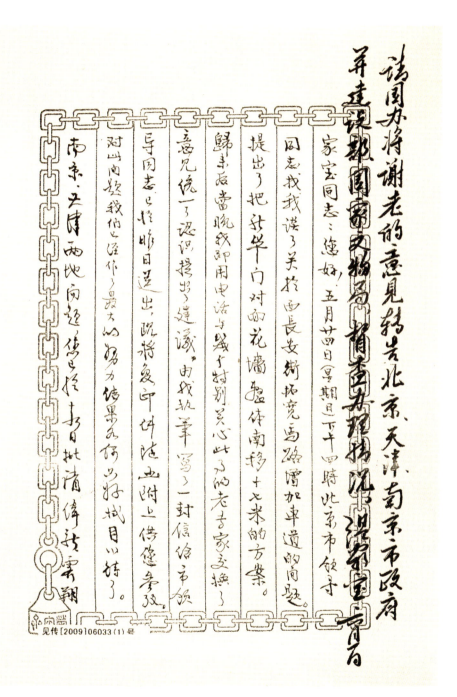

家宝同志：您好！五月廿四日（星期日）下午四时此京市领寺

诸国方将谢老的意见转告北京、天津、南京市政府

并责成国家文物局督查办理情况

同志：我谈到关于西长安街拓宽马路增加车道的问题。

提出了把毛华门对面花墙整体南移十七米的方案。

归来后当晚我即用电话与几千特别关心此事的老专家交换了

高兄候了认识提出了建议，由我执笔写了一封信给市领

导同志吕榜昨日送出，现将复印件连山附上供您参及。

对此问题我们已经作了最大的努力结果如何尚目以持了。

南京、天津两地问题传吕经去目批清传转云翔

见传〔2009〕06033（1）号

七九　公元 2009 年 5 月，谢辰生写给温家宝的信函。

明明确表示，今后老城南改造不得大拆大建。至此，历史街区的
拆除工作全部停止。公元 2010 年 8 月 3 日，《南京市历史文化名
城保护条例》正式颁布，重点对老城格局和城市风貌做出了具体
规定，增强了保护的刚性。

出于对天津五大道的关注，谢辰生在公元 2009 年 5 月 18 日
给温家宝去信之前就已经采取保护行动。早在公元 2008 年底，谢
辰生听闻天津市五大道历史文化街区"聚客锚地"项目启动，五
大道上风情万种的"小洋楼"和其他历史建筑顿时面临被毁命运。
公元 2009 年 5 月 3 日，就在人们还在享受"五一"假期之际，
谢辰生与其他几位专家和部分媒体代表头顶骄阳，到五大道拆迁
现场考察，看到了拆迁听证公告。专家们忧心忡忡，当日即起草
《关于加强保护天津五大道历史文化街区的紧急呼吁》，5 日遂
由谢辰生、张文彬、罗哲文、张忠培等十位专家联名正式发出，
但是却如泥牛入海。温家宝再次批示之后（图七九），公元 2009
年 6 月，谢辰生、单霁翔、徐平芳等专家对天津第五大道"聚客
锚地"项目进行实地考察，下午与天津市领导及志愿者展开协商，
拆迁工程被终止。公元 2010 年 5 月 21 日，仍处化疗期间的谢辰
生参加天津市国土资源和房屋管理局、天津市规划局、天津市文
物局等三个单位联合召开的"天津市五大道保护利用试验区方案
评审会"。会上他再次强调，对五大道的保护要注重整体效果，
以全国重点文物保护单位的指标严格要求，在保护措施上可以分
级区别对待，但在保护与否上不能分级。同年 6 月 12 日，天津
五大道荣获"第二届中国十大历史文化名街"。公元 2013 年 3 月
15 日，天津五大道近代建筑群被公布为第七批全国重点文物保护
单位。

为保护名城而奋斗的谢辰生，对名城保护有自己的独到见解。
他认为名城保护是指整个城市的布局，千万不能理解是某一条街
道、某几座建筑的保护。不能用单体文物（指一处一处文物）和
街区替代名城，单体文物和街区只是历史文化名城的重要组成部
分。我国的城市与欧洲城市发展轨迹不同。国外的老城是逐步发

展起来的，呈放射形发展布局，而中国的老城是先做规划，再建设，许多城市是先有棋盘式的布局再逐渐发展完善。北京城就是如此。可以看到，中国的城市有其合理的布局和有机的机理，从各方面来讲都是整体性的，破坏其中的一部分，就破坏了全局。例如，北京城在建筑体量、形式、色彩、高度上都有严格的要求，这在经济建设中一定要认识清楚。同时还应该看到，保护历史文化名城不仅要保护其硬件，还要保护其软件。就是所谓城市中活生生的内容。常常提到要保护历史文化名城本质的东西，其中重要的一点，谢辰生认为就是保护其历史文化内涵。具体地讲就是生活环境、民俗文化。他还为历史文化名城保护指出一条出路：城市功能分散化，城市功能不能集中在旧城区，否则旧城区是承受不了的。公元 2002 年修订的《文物保护法》公布之初，谢辰生就希冀加速推进历史文化名城保护的法制化进程，加紧制定相关的实施细则和单项法规，使法律中关于历史文化名城保护的规定得到进一步落实，更具有可操作性。公元 2006 年 11 月，国务院法制办请谢辰生对《历史文化名城名镇名村保护条例》（征求意见稿）审提意见。公元 2006 年 11 月 30 日，谢辰生对条例提出了一系列修改建议，主要内容如下：

1、《条例》总则应该明确写出制定的法律依据，因此建议"总则"第一条修改成"为了加强历史文化名城、名镇、名村的保护与管理，继承中华民族优秀的历史文化遗产，根据《中华人民共和国文物保护法》《城市规划法》制定本《条例》"。

2、《条例》内容需要加强，还要考虑得周密些，不能使人有隙可乘，如"名城保护要整体保护"是一条很重要原则，在《条例》中就没有规定。只是规定名城必须有一个以上的街区。对于已列为名城的城市，如果当地领导人为了开发，就可能认为保留一个街区即可保留名城称号，其他街区就可以进行开发，更不会考虑整体保护的问题。所以《条例》的规定要从实际出发，有针对性，既要考虑静态的物质遗存保护现状和问题，又要考虑动态的人，特别是不同领导人的思想状态。

3、考虑到现在名城与名镇、名村的保护原则和要求有很大区别，不可能用一个尺度要求所有名城、名镇、名村。必须从现状保存的实际情况区别不同对象，提出不同要求，制定不同规定。建议最好把名城和名镇、名村分开制定《条例》，如有困难，也要把现在第三章的保护与规划分开，增加一章专写保护原则和具体要求作为第三章，规划作为第四章。

4、现在需要加强保护的名城只有两种情况：一是保存完整，二是保存了一些街区。在《条例》规定保护原则和要求时，就要区别对待，提出不同的要求。建议借鉴公元 2005 年经国务院批准的《北京城市总体规划（2004-2020）》中对名城保护提出的若干重要原则和要求。

5、保护文化街区不仅要保护好街区的历史建筑，保持街区的肌理和尺度，而且还要保护如老字号和民俗文化等非物质文化遗产，才能更突出街区的特色。这些都可考虑写入《条例》。但是保护名城不仅是保护好若干街区，首先要整体保护，文化街区和文物保护单位的保护只是整体保护的重要组成部分。

6、对只残存一些原有街区的名城，只要有少数完整街区，可以继续作为名城保护。

公元 2008 年 4 月 2 日，国务院第 3 次常务会议通过《历史文化名城名镇名村保护条例》，并由国务院第 524 号令公布，自公元 2008 年 7 月 1 日起施行。《条例》旨在加强历史文化名城、名镇、名村的保护与管理，继承中华民族优秀历史文化遗产，共计六章四十八条，分为总则、申报与批准、保护规划、保护措施、法律责任、附则几个部分。《条例》采纳了谢辰生的意见，确立了对历史文化名城、名镇、名村实行整体保护的原则，加强了对历史文化名城、名镇、名村的保护，并且将保护规划和保护措施分做两章。同时《条例》强化了政府的保护责任，规定了严格的保护措施，明确了在保护范围内禁止从事的活动，重点加强了对历史建筑的保护。谢辰生说："我后来写了一篇《难忘的十年》，把这些保护历史文化名城的事都写了，登在中国文物报上了"。

五　从"文化遗产日"到"自然和文化遗产日"

我国保护文化遗产有悠久历史。中华人民共和国成立伊始，中央人民政府政务院第一个保护文物的法令，就是《禁止珍贵文物图书出口暂行办法》。这个办法第一条便开宗明义规定："为保护我国文化遗产，防止有关革命的、历史的、文化的、艺术的珍贵文物及图书流出国外，特制定本办法。"《中华人民共和国宪法》明确规定："国家保护名胜古迹、珍贵文物和其他重要文化遗产。"《文物保护法》第一条规定的立法宗旨是"为了加强对文物的保护，继承中华民族优秀的历史文化遗产……根据宪法，制定本法"。随着保护形势的发展，国家设立各种"纪念日"增多。公元 21 世纪以来，全国人大一些代表和全国一些政协委员多次呼吁设立"文化遗产日"。谢辰生根据新的情况，为了更好地宣传党和国家保护文化遗产方针政策和法律法规，广泛宣传文化遗产知识和保护成果，让广大群众共享文化遗产，于公元 2005 年 7 月 19 日，起草了致胡锦涛（时任中共中央总书记、国家主席）的信，并由郑孝燮、宿白、谢凝高、黄景略、李伯谦、吴良镛、舒乙、徐苹芳、傅熹年、常沙娜十位专家学者联署，建议设立"文化遗产日"。他们在信中写道：

"我们在您百忙中不揣冒昧写这封信，是呼吁关于设立'文化遗产日'的事，恳切期望您能予以关注和支持。

中华民族在五千年悠久的历史发展进程中，创造了灿烂的中华古代文明，保存了丰富的珍贵文化遗产，曾对世界文化的进步和发展产生过重大影响。

当今世界有许多国家都把对文化遗产的保护，作为在全球化背景下，保持文化多样性、增强民族认同感、提高社会凝聚力，进行国民素质教育和文化建设的重要内容。每年都定期举办旨在弘扬民族传统文化的'文化遗产日'活动……

鉴于近些年来每年人大建议、政协提案中都有关于国家需要设立'文化遗产日'的呼吁。为了使祖国珍贵文化遗产能长期保存，永续利用，我们建议请有关部门负责，参照其他国家的成功经验，提出设立我国'文化遗产日'的具体方案，经国务院同意后实施。在'文化遗产日'的规定日期里，国家所有的文化遗产保护机构都应当积极组织各种活动，博物馆和具备条件的文物保护单位都应当向社会公众免费开放，并发动各新闻媒体围绕文化遗产保护进行集中宣传报道，扩大文化遗产在提高国民素质和民族凝聚力方面的积极作用，为全社会共同关心和参与文化遗产的保护营造良好的氛围。

　　以上意见是否妥当，敬请指正。如蒙支持，使这一建议得以实现，则祖国珍贵文化遗产幸甚矣。"（图八〇）

　　谢辰生等致信胡锦涛关于设立"文化遗产日"的建议，反映和代表了文物和文化遗产界乃至全国人民的意愿。胡锦涛十分重视，收到谢辰生等的信之后做出了重要批示。温家宝总理随即指示，国务院办公厅会同有关部门研究提出意见。公元 2006 年 12 月 22 日，国务院颁发《关于加强文化遗产保护的通知》（以下简称《通知》）。这是新中国成立以来，国务院第一次以"加强文化遗产保护"为标题的重要文件。文件明确规定："为了进一步加强我国文化遗产保护，继承和弘扬中华民族优秀传统文化，推动社会主义先进文化建设，国务院决定从 2006 年起，每年六月的第二个星期六为我国的'文化遗产日'。"党中央、国务院主要领导采纳了谢辰生等的建议，由国务院发出通知，决定设立国家的"文化遗产日"，我国的"文化遗产日"从此诞生。

　　在《通知》第一部分"充分认识保护文化遗产的重要性和紧迫性"中，明确规定"文化遗产包括物质文化遗产和非物质文化遗产。物质文化遗产是具有历史、艺术和科学价值的文物，包括古遗址、古墓葬、古建筑、石窟寺、石刻、壁画、近现代重要史迹及代表性建筑等不可移动文物，历史上各时代的重要实物、艺术品、文献、手稿、图书资料等可移动文物；以及在建筑样式、分布均匀或与环境景色结合方面具有突出普遍价

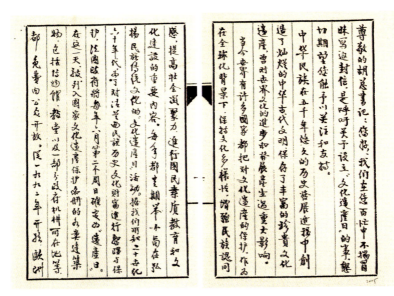

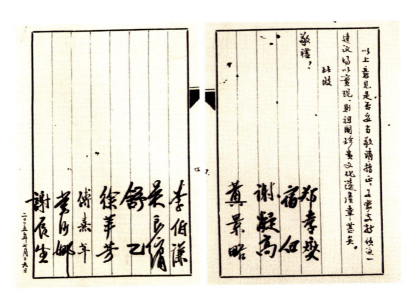

八〇　公元 2005 年 7 月 19 日，谢辰生和另外十位专家学者写给胡锦涛的信函。

值的历史文化名城（街区、村镇）。非物质文化遗产是指各种以非物质形态存在的与群众生活密切相关、世代相承的传统文化表现形式，包括口头传统、传统表演艺术、民俗活动和礼仪与节庆、有关自然界和宇宙的民间传统知识和实践、传统手工艺技能等以及与上述传统文化表现形式相关的文化空间"。在《通知》第二部分"加强文化遗产保护的指导思想、基本方针和总体目标"中，关于基本方针，明确规定"物质文化遗产保护要贯彻'保护为主、抢救第一、合理利用、加强管理'的方针。非物质文化遗产保护要贯彻'保护为主、抢救第一、合理利用、传承发展'的方针"。《通知》十分明确规定，文化遗产包括物质文化遗产和非物质文化遗产。物质文化遗产是指文物。上述关于文物内容和工作方针的规定也都是《文物保护法》中的明确规定。《通知》是国家保护文化遗产的重要文件，还对"着力解决物质文化遗产保护面临的突出问题"、"积极推进非物质文化遗产保护"和"明确责任，切实加强对文化遗产保护工作的领导"等做出一系列规定。在文件起草、修改过程中，谢辰生、李晓东等参加了讨论修改，提出了重要意见，如坚持《文物保护法》第二十四条等。谢辰生还致信华建敏（时任国务院秘书长）提出意见。这些都对文件的最后形成起到了积极作用。

为了迎接我国第一个"文化遗产日"，公元2006年3月，谢辰生参加了"重走梁思成古建之路——四川行"活动，去了营造学社的旧址宜宾李庄。在纪念梁思成诞辰一百零五周年座谈会上，谢辰生说，他参加这个活动是因为我们国家的"文化遗产日"活动是从纪念梁思成开始的。他还谈到梁思成的保护理念影响了几代人，梁思成的思想对他的影响，提出我们应继承梁思成先生遗志，把北京和全国的历史文化名城保护好。从公元2006年开始，国家每年在六月第二个星期六"文化遗产日"都举行各种活动。每一个"文化遗产日"都有一个主题，设有主会场和分会场，内容丰富多彩，形式多种多样，人民群众积极参与，取得了重要社会效果，彰显了国家设立"文化遗产日"的重要价值和深远意义。

无论是文物（物质文化遗产）还是非物质文化遗产，都与自然环境密不可分。我国风景名胜区就是由自然环境与重要文物或者说与文化相结合的重要代表。在"文化遗产日"活动中也都不同程度的涉及自然遗产。为了全面加强国家对自然遗产和文化遗产保护，开展广泛深入的保护自然遗产和文化遗产活动，从公元2017年开始，国家"文化遗产日"修订为"自然和文化遗产日"活动。"自然和文化遗产日"是在"文化遗产日"的基础上设立的。建议设立"文化遗产日"的谢辰生，对此十分欣慰。他认为这是以习近平同志为核心的党中央，全面保护"自然和文化遗产"的又一重要决策，保护成果当代共享并惠及子孙后代。其意义重大，影响深远。

六　坚持中国特色文物保护理论与实践

（一）出版《谢辰生文博文集》

由彭卿云主编的《谢辰生文博文集》（以下简称《文集》）于公元2010年9月由文物出版社出版。《文集》由三部分文稿组成：一、理论探索六十篇，二、书信二十四件，三、新闻专访及其他十五篇。由金冲及、单霁翔、彭卿云分别作序。《文集》收录文稿时间跨度六十年，内容极其丰富。金冲及、单霁翔、彭卿云在序言中对"文集"的重要价值和历史作用以及谢辰生为文物事业的奋斗精神与重要贡献，从全局高度做了深入和公允的评述。

谢辰生从公元1946年参加文物工作，迄今已七十多年。从公元1949年至今一直在国家文物局。从公元1949年到公元20世纪90年代初期，在文物局处于重要工作岗位。他勤奋工作，敏锐观察，理性思考，不断把文物工作实践经验总结归纳为对文物工作特点和规律的理性认识，进而提炼为具有中国特色的文物保护理论观点。同时，通过自己的工作，适时把这些理论应用于他执笔起草的大量文物政策、法律法规和重要文件中，在规划、指导文物保护管理工作中发挥了重要作用。有些撰写成文章发表，有些在不同场合发言、演讲，进行广泛宣传，扩大影响。他的理论与实践活动，对于读者与听众、政府部门与广大群众提高对文物保护重要性、规律性的认识，都产生了积极作用。

以《文集》中的"理论探索"部分为例，六十篇文章内容丰富，内容涉及文物事业各个主要方面，观点鲜明，针对文物事业发展进程中文物工作不同时期、不同阶段、各种动态和倾向与热点问题，发表了富有说服力的论述和评论，为开辟中国特色文物事业和沿着中国特色文物保护道路不断发展起到了积极作用。有些文章在本书前面一些章节中已作不同程度述评，这里不再赘述。下面依照其某一要点，大致归类，主要有几个方面：

关于文物研究与文物学科建设，有《文物保护与科学研究的历史发展概述》（该文为《中国大百科全书·文物博物馆》文物部分概观性文章《文物》）、《关于成立古文字整理研究机构的请示报告》《敦煌研究院成立六十周年暨常书鸿诞生一百周年纪念会上的讲话》《对怎样认识文物价值的一点看法》《坚持科学发展，保护民族瑰宝》《纪念中国文化遗产研究院成立七十周年》《坚持唯物辩证法，加快和深化文物事业的改革》等。

关于新中国文物保护史，有《新中国文物保护工作五十年》《赴平原、河南、山东提选及考察文物报告》《学习苏联，使文物事业更好地为社会主义建设服务》《坚持政治挂帅，积极发展文物、博物馆事业》《在第二次世界文化政策大会第二委员会上的发言》《<文物保护管理概要>序》《亲切的关怀，永恒的思念》《新中国文物、博物馆事业的主要开拓者和奠基人》《纪念西谛先生诞辰一百周年》《也忆质斌同志二三事》《忆谢老》等。

关于文物法律与法治，有《认真执行<文物保护法>，开创文物工作新局面》《文物工作必须纳入法制管理的轨道》《在文化部召开贯彻落实国务院<通告>电话会议上的讲话》《新中国第一号文物法令》《纪念<文物保护法>颁布十周年座谈会上的发言》《文物保护法释义》《完善文物法律，加大执法力度》《建议采取坚决果断措施，严厉打击盗掘古墓的犯罪活动》《< 文物保护法概论 > 序》《< 文物保护法通论 > 序》等。

关于文物保护与配合基建考古发掘，有《配合基本建设，做好文物保护工作》《群众支持了文物保护工作》《关于"保存什么、如何保存"的争论》《在考古发掘工作汇报会闭幕式上的讲话》《关于当前文物工作的几点意见》《在陕西文物工作会议上的讲话》《也谈文物保护与旅游开发》《把保护文物提高到保持民族文化特性、民族生存的高度》《端正文物工作的指导思想》《正确处理文物保护与基本建设的矛盾》《必须正确处理文物保护与发展旅游的关系》《北京"迎奥"应当打什么牌？》《在"京杭大运河保护与申遗"杭州研讨会上的发言》《建议北京图书馆善本古籍仍在文津街旧馆保存案》《采取果断措施加强文物保护案》《加强故宫博物院的保护管理案》《应当高度重视三峡工程淹没区的文物保护问题》等。

关于古建筑石窟寺保护与维修，有《认真贯彻 < 文物保护工程管理办法 >》《建议焦枝铁路洛阳段避开龙门石窟保护区，以利文物保护案》等。

关于博物馆建设，有《发展博物馆事业，为科学研究和广大人民服务》《提高博物馆工作的质量》《有关地志博物馆的两个问题》《再论有关地志博物馆当前的中心任务问题》等。

关于文物市场，有《文物市场存在与否不取决于经济体制》《< 文物保护法 > 没有禁止文物买卖的规定》等。

关于文化名城保护，有《关于 < 历史文化名城名镇名村保护条例 > 的修改建议》等；

关于发挥文物作用，有《继承传统，坚持开放，古为今用，为社会主义服务》《积极保护祖国文物，发扬民族文化传统》《祝贺 < 文物 > 月刊出版 500 期》《祝福与期望》《坚持以社会效益为最高准则》等。

综合来看，《文集》整体上有三大价值和作用：其一，在中

谢辰生文博文集

彭卿云　主编

文物出版社

八一　公元 2010 年 9 月，《谢辰生文博文集》由文物出版社出版。

华人民共和国文物事业发展六十年的进程中，所有文章具有很强的时代性和针对性，是中国特色文物保护理论的重要组成部分，具有很强的中国特色文物保护理论价值；其二，谢辰生是中华人民共和国文物事业的重要参与者与实践者，文稿大都是从中国国情和文物保护实际出发，针对不同时期文物保护重要问题和难点问题，对实践经验的总结。因此，具有很强的开辟中国特色文物保护道路的见证价值；其三，《文集》同时具有很高的中国特色文物保护史价值。它们在新时代坚持中国特色文物保护理论道路、发展中国文物事业进程中仍将发挥重要作用（图八一）。

（二）出版《谢辰生先生往来书札》及续篇

责任在身，当仁不让。这应是对谢辰生担负文物保护历史使命的真实写照。《谢辰生先生往来书札》及续篇，对谢辰生为文物保护和文物事业发展奋斗终生作了真实诠释。

由李经国编纂的《谢辰生先生往来书札》（上、下）（以下简称《往来书札》），公元 2010 年 9 月由国家图书馆出版社出版。单霁翔作序，郑欣淼、彭卿云分别作序诗。书前影印有十七位领导和专家学者为谢辰生文物保护业绩题诗书画。《往来书札》分为"谢辰生先生书札"、"诗词"、"来鸿集"、"谢辰生年谱"、"附录一、谢辰生先生文选"、"附录二、谢辰生起草、参与起草的中国文物事业法规文件要目"、"附录三、近十多年来重要出土文物解答历史之谜"等部分。

在"谢辰生先生书札"部分，共收入七十五件书札，以影印原件（复印件）为主，由编纂者录文并注释。其中致中共中央、国务院领导人胡耀邦、邓力群、胡乔木、谷牧、胡启立、万里、李瑞环、邹家华、李铁映、李鹏、江泽民、乔石、朱镕基、李岚清、刘淇、温家宝、胡锦涛、王岐山、张高丽、郭金龙等书札有四十四件，主要是公元 1980 年以来的书札。"来鸿集"是领导和专家学者致谢辰生的书札，自公元 1950 年至 2007 年共三十五札。

中华人民共和国成立以来，文物工作和文物事业在中国共产党领导下，从开创到不断发展，一直根据中国国情、文物特点和文物保护实际，制定方针政策和法律法规，沿着为人民服务、为社会主义服务的方向向前发展，并在文物保护和文物事业发展的历程中逐渐探索形成具有中国特色的文物保护理论和道路。党的领导是其本质特征。中共中央领导同志根据谢辰生书信中反映的实际情况、重要问题和针对性很强的意见与建议，做出重要批示和指示，保证了党和国家文物方针、法律法规的贯彻执行，保证了文物工作和文物事业沿着中国特色文物保护道路不断向前发展。谢辰生致中央领导人书信的重要价值和意义已完全体现在其中，这是十分清楚的。

谢辰生致中央领导人书信和领导批示等有一些在本书前面章节中有记叙，这里再列举如下：公元1980年，胡耀邦对谢辰生以国家文物局原局长王冶秋和文物局在一些重要问题上的事实为王冶秋"正名"的去信上做了重要批示。后经中央宣传部调查，于公元1982年5月26日写出调查报告。调查报告的主要内容是经查王冶秋在"文革"中的表现是好的。除了在文物工作方面与康生有过接触外，在政治上、组织上均无关系。所谓"王冶秋把查抄文物大批送给康生"完全没有这回事。经过多方面反复调查，让实康生存故宫砚台确实是王冶秋、吴仲超等人交公的而不是"寄存"。最后的结论是"王冶秋同志是1925年参加革命工作的老同志，解放前长期在白区工作。建国以来，多年担任国家文物管理部门领导职务，工作勤恳努力，任劳任怨，是有成绩、有贡献的"。谢辰生以无私无畏的精神，实事求是向中央领导同志直书事实和提出意见，在中央领导批示和关注下，对王冶秋做出了上述结论和评价。因此，在文物界曾有"中央政治上救了一个人，也救了一条战线"之说。

公元1987年，万里、谷牧对谢辰生关于中宣部、文化部代中央草拟的加强文物工作的文件的去信做了批示，之后由国务院于公元1987年11月24日以《关于进一步加强文物工作的通知》（即"101号文件"）之名颁发。这个文件是公元1984年全国文物工作会议期间由谢辰生最初起草，后在胡耀邦主持下几经修改而成。

文件第一次全面规定了文物工作方针和充分发挥文物作用、加强文物的保护管理工作、加强博物馆建设、把文物的保护管理纳入城乡建设总体规划、加强对文物工作的领导等内容，是一份在我国改革开放以后文物工作和文物事业面临新的形势下制定的非常重要的文件，对文物保护与文物事业发展具有重大指导价值和意义。

公元 2002 年，李岚清对谢辰生关于几年来一些地方把重要文物保护单位、博物馆和旅游企业合并捆绑上市问题和自己的意见建议的去信给予关注。在全国"两会"期间，许多人大代表、政协委员提出建议和议案，反对这种"捆绑"的错误做法。谢辰生的建议、全国人大代表建议和政协委员提案，在 10 月 28 日九届全国人大常委会第三十次会议审议通过修订的《文物保护法》中都有体现，如第二十四条的禁止性规定。他们的建议在修订《文物保护法》时均发挥了积极作用。12 月 19 日，国务院在北京召开全国文物工作会议，李岚清出席并作出重要讲话，明确指出有些省市把文博单位合并到旅游公司并准备上市的做法是错误的。修订的《文物保护法》公布实施，将我国文物工作在我国社会主义市场经济体制确立的形势下进一步纳入到法治轨道。

胡锦涛、温家宝、王岐山、刘淇等领导同志，对谢辰生公元 2003 年以来关于北京、天津、南京等历史文化名城保护问题的多次上书，做出重要批示与指示，许多错误做法得到及时制止和纠正，北京、天津、南京等历史文化名城名镇名村和重要文化史迹得以保存。

《往来书札》中的"谢辰生年谱"，记录了谢辰生为祖国文物保护事业发展而奋斗的历程。"谢辰生先生文选"部分收录的文章，是谢辰生研究文物和探索文物保护理论的重要成果。"谢辰生起草、参与起草的主要文物法规文件要目"，其中执笔起草的主要文物法规文件有《禁止珍贵文物图书出口暂行办法》《文物保护管理暂行条例》和《文物保护法》等共十八件，自公元 1950 年至公元 1987 年；参与起草的重要文物法规文件三十六件，自公元 1950 年至 2005 年。桃李不言，下自成蹊。这些文件默默讲述着谢辰生为中华人民共和国文物政策和法律法规的开创以及开拓、发展做出的重要贡献。《往来书札》全书内容极其丰富，资料翔实，弥足珍贵，对研究、探索中国特色文物保护理论道路具有极为重要的价值，同时对新时代坚持中国特色文物保护利用、坚持中国特色文物保护道路具有重要意义（图八二）。

由李经国编纂的《谢辰生先生往来书札续编附日记》（上、下）（以下简称《续编》），公元 2017 年 7 月由国家图书馆出版社出版。全书分为：一、谢辰生书札；二、日记、读书札记、读书笔记；三、谢辰生先生署名的提案（附存目）；四、来鸿集。由单霁翔、宋木文、樊锦诗分别作序，有领导和专家学者题词、书画。《续编》中，"谢辰生书札"共八十一件，包括影印原件或复印件，编者录文等。其中致中共中央、国务院领导人江泽民、刘淇、王岐山、刘延东、华建敏、温家宝、胡锦涛、习近平、张高丽、吴邦国、马凯、李克强等的书札共二十九件，自公元 1996 年至 2016 年。公元 1996 年 8 月 8 日，由谢辰生起草后联名致江泽民并政治局常委书信，其内容为关于长江三峡库区文物保护抢救情况、问题和保护经费、规划等，呼吁中央责成有关部门尽快组织力量审批三峡文物保护规划、落实文物保护经费等。该书信经由各界著名专家和知名人士共五十六人联署。在致中央领导人书信中，致胡锦涛、温家宝等书信三件，致温家宝书信四件，致习近平书信一件，习近平、温家宝书信一件。谢辰生致中央领导人书信内容时代性和针对性很强，文字凝练，毛笔书写精工。中央领导人对谢辰生书信的批示、指示，对反映文物保护问题解决的关注，对加强文物保护利用和发展文物事业，坚持中国特色文物保护利用之路的重要价值与意义，一如在本节第一部分的评述，一以贯之。

谢辰生从公元 1953 年到 1982 年的"日记、读书札记、读书笔记"，再现了他在繁忙的工作中关注文物工作情况、成绩和问题，不停思考，同时抓紧时间读书学习、不断丰富和充实自己，提高自己观察问题和解决问题的能力。该部分内容对研究谢辰生

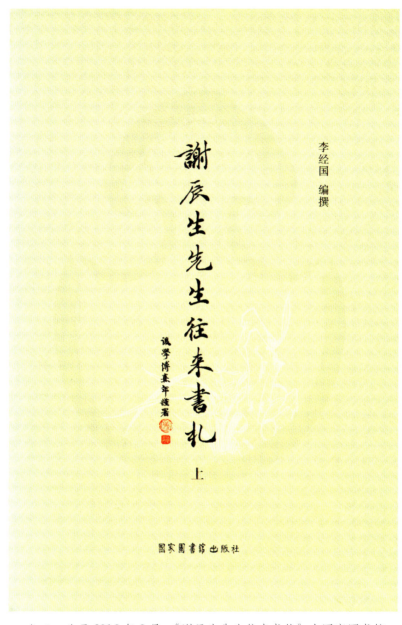

八二 公元 2010 年 9 月，《谢辰生先生往来书札》由国家图书馆出版社出版。

保护文物思想理论的形成和发展是极好的资料，有着重要的史料价值。谢辰生作为全国政协七届政协委员，从第一次会议至第五次会议，他都对我国文物保护的重大事项和重要问题经过深入调查研究提出提案，积极参加政协的活动。书中收入的谢辰生著名的政协提案，打击盗掘古墓、建议修改《文物保护法》和刑法个别条款规定提案等，对促进解决问题、加强文物保护和法制建设都发挥了积极作用。《续编》内容也极为丰富，对探索、坚持中国特色文物保护利用之路，贯彻习近平新时代中国特色社会主义思想，加强文化建设，进一步增强中国软实力具有重要价值。

（三）出版《新中国文物保护史记忆》

谢辰生是我国著名的文物保护专家。在我国文物工作和文物事业发展的历程中，不同时期、各个阶段，他都参与其中，到第一线深入调查研究，认真总结实践经验，起草和参与起草了一系列重要政策和法规文件，做了大量文物保护管理工作。他是中华人民共和国成立迄今国家文物局唯一健在的文物保护管理工作的全程参与者、见证者，是新中国一部厚重的文物保护的个性化"史书"。

为了记录谢辰生亲历的文物保护的丰富史实和经验，经与他商量，由谢辰生口述，李晓东、彭蕾整理了《新中国文物保护史记忆》，并由文物出版社于公元 2016 年出版。该书分为十二讲，依次为新中国成立初期的文物保护工作（上、下）、文物保护制度的创建、"文化大革命"时期的文物破坏与抢救保护、文物工作的恢复与重建、文物商业归口经营与细水长流、1982 年文物保护法的诞生、《文物保护法》公布到"101 号文件"通知、文物工作十六字方针的来龙去脉、大遗址保护开创与发展、历史文化名城保护进程、博物馆建设与通史陈列。该书附录有文物保护法律法规文件、谢辰生致领导书信和有关文章等三部分。十二讲内容与附录互见、互补、互证，使该书内容更加丰富，资料更为翔实。

纵观《新中国文物保护史记忆》全书，有三大特点：其一，党的领导贯穿全书，是一条主线。新中国文物工作和文物事业始终在中国共产党领导下，根据中国国情和文物保护实际，制定方针政策和法律法规，开展各项工作。在中央领导人关心、关注、关怀下，及时解决文物保护中的重点、难点问题和文物事业发展中的重大事项，使之始终沿着正确的方向向前发展，从而取得了举世瞩目的重大成就。这些方面在书中都有大量、系统的记述。其二，书中记述的新中国文物保护和文物事业发展的基本事项，都是谢辰生亲历并参与其中，做了大量卓有成效的工作。由于他勤于积累，善于总结，加之记忆力惊人，使其讲述思路清晰，历史脉络清楚，材料丰富，事实准确，观点鲜明。谢辰生在讲述中时而为了一个难题的解决而面露喜色，时而因为文物保护受到挫折而义愤填膺，情绪随着讲述进程起伏。记录人在惊叹谢老记忆力超群、暗呼过瘾的同时，又不禁担心这位已经年逾九句的老人会不会因为太过激动引起身体不适。其三，谢辰生口述的文物保护史实与文献记载相吻合。他讲述涉及的大量史实，与文物保护和博物馆文献一致。在文物政策法规方面，大都是他执笔起草和参与起草的。因此，不仅有正式文本作为依据，而且还增加了文件文本形成过程中的大量材料，特别是有关重大决策的材料，使本书内容更加丰富，资料更为翔实而珍贵，对研究者和读者都是十分难得的，具有极其重要的参考价值。

公元 2016 年 11 月 23 日，由中国文物学会等举行《新中国文物保护史记忆》出版座谈会，谢辰生和近三十位领导、专家学者与会，顾玉才、金冲及、郑欣淼、单霁翔、黄景略、张忠培等十四位领导和专家学者发言，对谢辰生在文物保护和文物事业发展中做出的重要贡献，对《新中国文物保护史记忆》的价值和作用都给予很高的评价。与会专家纷纷作诗祝贺《新中国文物保护史记忆》出版：

郑欣淼

振臂今犹守护中，

上书谔谔响晨钟。
千秋事业风云史，
玉振金声感谢公。
贺谢辰生先生《新中国文物保护史记忆》出版

彭卿云
回眸文保史，
口述数家珍。
史实新弥贵，
精神更感人！
读谢辰生先生《新中国文物保护史记忆》

马自树
回望往昔六十年，
细叙沧桑日月天；
堪怜国宝遭零落，
敢将重任担在肩。
保护抢救勤谋划，
利用管理进良言；
文物事业蒸蒸上，
先生功劳大无边。

《新中国文物保护史记忆》是第一部口述体裁的新中国文物保护史的图书，有其独特性。其重要价值和意义，还在于为建立中国特色文物保护史学科体系奠定了良好基础（图八三）。该书被评为"公元 2016 年度全国文化遗产十佳图书"之首，还在第八届钱学森城市学金奖"城市文化遗产保护问题"征集评选活动中荣获金奖提名奖。

新中国文物保护史记忆

谢辰生　口述
李晓东　彭蕾　整理

文物出版社

八三　公元 2016 年 8 月,《新中国文物保护史记忆》由文物出版
社出版。

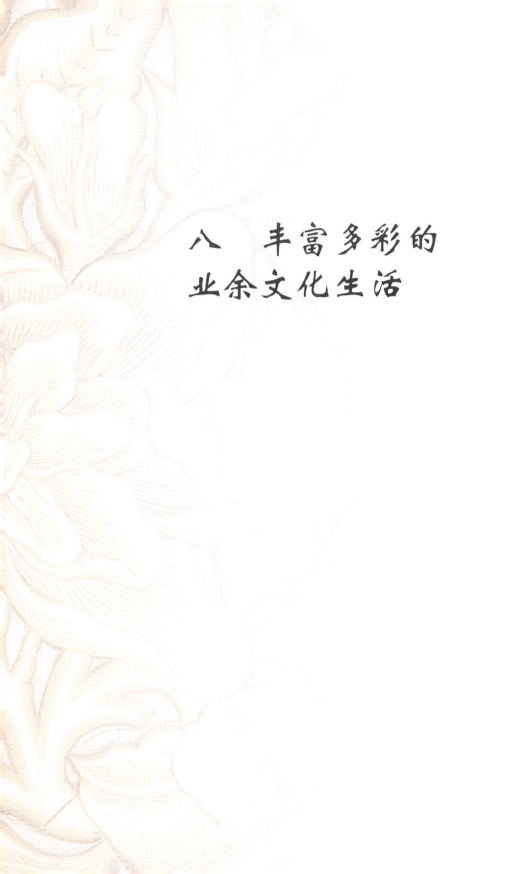

八　丰富多彩的业余文化生活

谢辰生热爱文物事业，也同样热爱生活。他的爱好是广泛的，业余文化生活丰富多彩，甚至一些爱好的艺术水平其实一点都不业余。

一、诗词

谢辰生的诗词中满是家国情怀，是他情感最热烈的表达。每当遇到非常之事，感慨良多之余，便会作诗以咏志，引经据典，直抒胸臆。说的虽是当前之事、身边之事，但总会升华到国家、社会，将自己诗词融入国情、世情、时情。然后用俊秀的小楷誊写在精美的信笺上，可谓诗书一体，可读可赏。谢辰生年轻时候投奔革命圣地延安未果，此间曾经作诗词几首给自己加油打气（详见本书第一章第二节）。读罢，一个胸怀大志、意气风发、忧国忧民的青年形象不觉间跃然纸上。

公元 1949 年 11 月，谢辰生到北海团城文化部文物局上班。公元 1950 年 8 月，受文化部文物局局长郑振铎委派，他与王世襄、史树青一同前往平原、河南、山东等省，选取平原省文物管理委员会所藏文物，并到山东嘉祥调查武梁祠石刻情况。平原省为旧省名，公元 1949 年 8 月 1 日由华北人民政府成立，位于鲁西南、豫北、冀南衔接之地，省人民政府驻新乡市。公元 1952 年 11 月 15 日平原省建制撤销，所辖分别划分河南省和山东省。这期间，三人在工作之余，边走边联句作诗，好不惬意。从嘉祥返回济宁途中，三人联句作《虞美人》一阙：

俊游不负平生意（青），石室探奇趣（襄）。武祠重见汉衣冠（辰），点点苔花欲上石斑斓（襄）。

征尘暂扑残阳路（青），小向任城住（辰）。任城何处最难忘？水市斜桥、相对是茶廊（襄）。

武梁祠调研归来，告别斑斓苔石，一条洒满残阳的路通往任城，那里有斜桥，有茶廊。三个人有说有笑，到济宁桥上观鱼，又到茶廊小饮，再作《浪淘沙》一阕：

最爱济宁桥，流水如潮（辰）。市楼灯火影摇摇（青），一尺河鲂才出水，网内鳞跳（襄）。

暑意已全消（辰），纨扇轻抛（青）。小壶初瀹碧螺娇。好借新词添别意（襄），行也明朝（辰）。

桥下鱼跃水摇，灯火影影绰绰，风凉品清茶，好个自在快活。

三人又来到济南大明湖畔、百花洲上，但见大明湖面水光潋滟，湖边杨柳娇柔多姿，成片的蒲苇随风扫过。云开雨收，游船初荡，荷花渐瘦，莲子留香，抚今望古，三人不禁触景生情，作《临江仙》一阕：

见说历城风物好，垂杨低蘸湖亭。四围蒲苇向人青（襄）。归云收宿雨，画舫荡新晴（辰）。

荷褪红衣初结子，剩来齿颊芳生。百花洲外是归程（青）。前街堪话古，车过不辞停（襄）。

那时候的谢辰生，血气方刚，对文物事业充满热爱，胸中充满革命乐观主义豪情。这种热爱和乐观在他的诗中多有体现。公元 1958 年，谢辰生响应中央关于下放干部到农村锻炼的号召，下放河北省丰润县唐坊村参加劳动。农村的生产劳动十分艰苦，而谢辰生面对繁重的劳动，认真、乐观又满怀希望。他在参加农村水利工程劳动之余，作《菩萨蛮》一阙：

开渠打井勤芟刈，农村处处添生意。百计更千方，要能多打粮。

当年洼碱地，渠水穿流急。人力可回天，荒田变稻田。

又在参加农村绿化运动时候作《调笑令》：

插柳插柳，老少一齐伸手，插遍海角天涯，真个村村绿化。绿化绿化，装点江山如画。

已过而立之年的谢辰生，身在农村劳动，心系祖国强盛，思想日趋成熟。

公元1964年下半年，谢辰生到西安参加"社会主义教育运动"，一年后回京，临别之际作《七律》别后村青年：

情景依稀别梦频，驿亭执手泪沾襟。

经年又作长安客，永世难忘赤子心。

雁塔路遥凝望久，沉香亭畔感情深。

风雷震荡开云雾，倍觉今朝日月新。

西安是谢辰生曾经积聚梦想的地方。二十出头的年纪，他曾在这里编织着自己的革命理想。二十年后当他再次踏上这片土地，虽然去日已久，仍愿自己有颗赤子之心。西安古迹繁多，这些文化遗产是古人留下来的，也是服务于今人的。而古今对比，当下社会主义建设风云激荡，更显得时代日新月异（图八四）。

公元2002年，阔别母校四存（小学、中学）六十年的谢辰生返校参加校友聚会，看到昔日翩翩少年同学，如今都已白发苍苍，步入耄耋之年，感慨良多，作《浪淘沙》一首：

八四　公元1964年西安"四清"时，谢辰生作七
　　　律一首别后村青年。

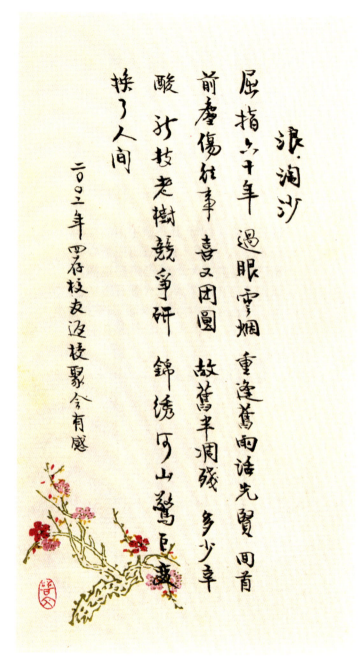

浪淘沙

屈指六十年　過眼雲烟　重逢舊雨話先賢　回首
前塵傷往事　喜又團圓　故舊半凋殘　多少辛
酸　枯枝老樹競爭妍　錦繡河山驚巨變　换了人間

二〇〇二年暮春校友迎接聚會有感

八五　公元 2002 年，谢辰生返回母校聚会作《浪淘沙》
　　　一首。

屈指六十年，过眼云烟。

重逢旧雨话先贤。

回首前尘伤往事，喜又团圆。

故旧半凋残，多少辛酸。

新枝老树竞争妍。

锦绣河山惊巨变，换了人间。

诗中不仅仅是感慨岁月流逝，年华易老，更是看到了祖国大好河山经历了沧桑巨变而欣欣向荣，焕发了新气象。新气象下，谢辰生愿尽己之力为祖国建设添砖加瓦（图八五）。

七绝

革命何妨与世争，平生从未竞峥嵘。

惯迎风暴难偕俗，垂老犹能作壮兵。

此诗作于公元 2004 年，抄录于公元 2006 年。那几年，正是谢辰生为了保卫北京的古都风貌，冒着可能受到一些人打击报复的危险，频繁上书北京市领导和中央领导，反映北京历史文化名城保护中出现的各种问题，呼吁停止拆除历史街区、旧城区的改造活动的关键时期。谢辰生虽自认垂老，但斗志不减，不惜以身殉城，作诗明志（图八六）。

公元 2007 年 9 月，谢辰生再作《七律》：

而今垂老尚何求？维护原则敢碰头。

污吏奸商榨民脂，精英文痞泛浊流。

群邪肆虐犹梼杌，正气驱霾贯斗牛。

蒿目层楼忧社稷，坚持信念度春秋。

再次表达了自己虽是老朽，但为了捍卫原则，不惜与"群邪"

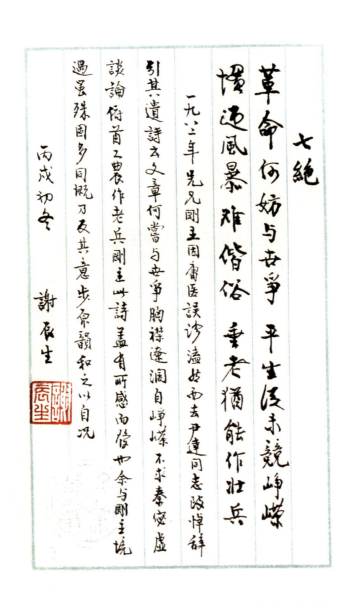

七绝

革命何妨与岳争　平生遗志未竟峥嵘

博通风暴难偕俗　垂老犹能作壮兵

一九六二年先兄刚主因肺医误诊遽尔西去尹达同志政悼辞

引其遗诗云文章何尝与岳争胸襟遂涸自峥嵘不求奉宓虚

谈论俦首乙农作老兵刚主此诗盖有所感而作也余与刚主境

遇虽殊固多同慨刀反其意步原韵和之以自况

丙戌初冬　谢辰生

八六　公元 2004 年，谢辰生作《七绝》一首，抒发壮志豪情。

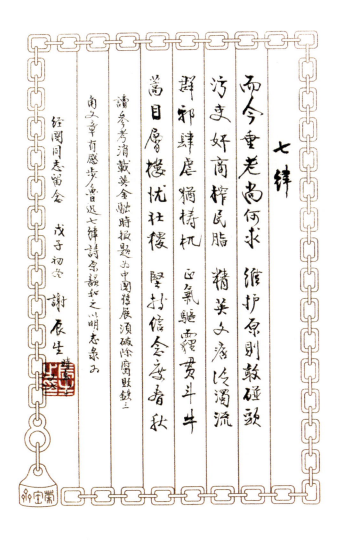

七律

而今垂老尚何求 维护原则敢碰头
污吏奸商榨民脂 精英文痞泛浊流
群邪肆虐犹横杞 正气驱霾贵斗牛
万目层楼忧社稷 坚持信念度春秋

读参考消戴英金融时报题为中国发展须破除穷败数三

南文章有感步鲁迅七律诗原韵以明志意

经国同志嘱念 戊子初冬 谢辰生

八七　公元 2007 年，谢辰生作《七律》一首，步鲁迅七律诗原韵，
以明其志。

斗争到底的坚定信念。是的，他要做新时代里的贤臣魏征。工作中的磨炼与斗争，培养了他"位卑未敢忘忧国"的高尚情操，使他后期的诗词也变得更加深刻、直接、犀利和励志（图八七）。

二、题词

题词是谢辰生文物保护思想的组成部分。在他一生中有很多次题词，这里略谈几例：

为中国文物保护研究所题词

公元 2005 年是中国文物保护研究所（现中国文化遗产研究院）成立七十周年。该所是我国近代以来历史最长的文物研究机构。谢辰生对它的建设十分关心，在他的《纪念中国文物保护研究所成立七十周年》的文章中，对它的发展历程和主要专家学者及研究成绩做了概述和高度评价，同时对其发展提出建议。在纪念所庆之际，谢辰生为中国文物研究所成立七十周年题词：

> 坚持采用现代新科技与继承传统技术相结合的方针
> 努力开创具有中国特色的文物保护科技工作新局面

题词虽简短，但内涵丰富，倾注了他对文物保护技术发展的新期待。中国自古以来，传承下来许多符合我国文物特点的传统保护技术，将其与现代化保护文物科学技术相结合，一定会创新发展中国特色文物保护技术，进而创立文物科技保护学。

为《民国文物法规史评》题词

公元 2013 年，李晓东著《民国文物法规史评》由文物出版社出版。该书对民国时期北京政府、南京国民政府和中国共产党领导的解放区的文物法规文本进行了系统的整理、介绍、诠释和评析，是第一部关于民国时期文物法规史著作。谢辰生欣然为该书题词，祝贺该书出版：

> 重视法规文本 总结历史经验
> 探索文保规律 促进事业发展

谢辰生上述题词充分体现了他的一贯思想，对研究文物法规史具有指导意义。

为《文物管理现代化研究》题词

公元 2017 年 12 月，彭蕾著《文物管理现代化研究》由文物出版社出版。该书对国家现代化、文物管理现代化以及两者之间的关系进行了系统梳理研究，对文物管理现代化从多视角、多层次进行了研究，是我国第一部文物管理现代化研究著作。在这本新著出版之际，谢辰生欣然为该书题词：

> 文物管理现代化在传统文化中孕育产生，是国家治理现代化的组成部分。《文物管理现代化研究》是文物管理现代化理论与实践的系统研究成果，将对中国特色文物管理工作的健康发展起到促进作用。

文物管理现代化是谢辰生一直关注的重要课题，这是他为彭蕾著作题词的根本原因所在。早在公元 1996 年 7 月 25 日，国家文物局在古香园召开专家会，讨论由马自树主持、李晓东统筹编写的《中国文物博物馆事业"九五"规划及 2010 年远景目标发展纲要》草案。谢辰生在会上发言说："'草案'的面都到了，基本的东西有了。一定要在每项规划中体现'保护为主，抢救第一'的方针。越王勾践剑出国展，结果坏了。外展要以我为主，不能要什么去什么！文物工作在现代化上要提出来，在全国搞出现代化管理体系。"同时谢辰生为彭蕾著作题词，也是对年轻学者的文物管理现代化研究方面的开拓成果予以肯定和鼓励。

三、多样的文化生活

　　《谢辰生先生往来书札续编附日记》（上、下）中收录了谢辰生在公元 1953、1954、1955、1957、1958、1959、1960、1961、1964、1965、1966、1982 年共 12 年的日记和读书札记。在公元1954 年 3 月 29 日（农历二月廿五日）星期一的日记中，谢辰生给自己的日记做出定位"想通过它详细地记录自己的生活、工作、学习，特别是思想活动，来检查自己、督促自己"。日记中还检讨了十年来日记断断续续，每次决心重新拾起后又不能坚持，结果又把决心忘得一干二净，"愿这一次的日记能始终不渝地坚持到永远"。一个多星期后，在 4 月 5 日的日记中，谢辰生又反思"从形式上看似乎是坚持下来了，可是在内容上却永远不能合乎自己所提出的要求，因为它没有成为检查和督促自己的一面镜子"，之后又计划"就从今天开始吧"！为了把学习的一些感想和心得能及时记录下来，公元 1955、1957 年谢辰生开始写读书札记。公元 1958 年写日记，公元 1959 年又写读书札记，反复了几次之后，公元 1960 年开始，两种文体不再严格区分，日记中也可以包括读书札记。这样一来不但内容广泛得多，也对自己的进步起到检查督促作用。谢辰生在繁忙的工作之余，坚持用蝇头小楷写日记和读书札记。这一习惯使他能够不断学习，不断反思，不断进步。是什么力量让他坚持下来？也许公元 1948 年在上海谢辰生担任郑振铎秘书时，郑振铎坚持写日记的习惯已悄然潜入他的内心，从此生根发芽。

　　谢辰生从小习字，不曾间断，日复一日，日渐精进。到青年时，一手小楷已具有较高水平。他的日记、读书札记、书札等，满篇小楷，敦厚典雅，虚婉遒媚，颇见功力。他书写的诗作和部分书信，用笺考究，俊秀的蝇头小楷，不急不躁，似行云流水，一气呵成，可谓书法艺术品。谢辰生的小楷不见方峻刚利，只有和静婉约，浓淡相宜，疏密有致。字如其人，执着又敬畏，浪漫也认真。

業績創輝煌

達社五十載

文物出版社成立五十年

賀

丁亥初夏　謝辰生

八八　公元2007年，谢辰生为文物出版社建社五十周年题词。

八九　公元2009年，谢辰生写给胡锦涛和温家宝的信，字如其人，和静婉约。

狗年大吉

谢辰生

九〇　公元2018年，谢辰生为河南安阳殷墟出土青铜器全形拓题词。

谢辰生的书法中大幅作品极为罕见，偶见的应属"应命"之作（图八八～九〇）。

谢辰生从小生活在一个传统文化浓厚的大家庭里。受长辈和兄长的影响，他很早就对传统文化十分感兴趣，后来在学校也受到了传统文化教育，耳濡目染。谢辰生十分喜爱围棋，加之自身努力学习，棋艺日益精湛，可与名家对弈交流。公元1993年，谢辰生到台湾访问，就曾与台北故宫博物院院长秦孝仪对弈，亲切交谈。一项儿时的技艺，顿时拉近了双方距离，也使工作开展得更为顺利（图九一）。谢辰生学唱京剧后，时常来上几句。在国家文物局春节联欢会上，他曾开嗓献唱，有板有眼，颇具韵味，一个唱段下来引得阵阵欢呼喝彩（图九二、九三）。

谢辰生通过记日记、写札记、习书法、学棋艺、练京剧等文化活动，不但提高了自身文化素养，丰富活跃了日常生活，还有益于工作与交往。他不仅是一个时刻准备起身捍卫文物的忠肝义

九一　公元1993年，谢辰生与台北故宫博物院院长秦孝仪对弈，亲切交谈。

九二　国家文物局春节联欢会离退休老同志合影（前排左三为谢辰生）。

九三　公元 21 世纪初，谢辰生（右二）在国家文物局春节联欢会上与老同志合影。

九四 公元 20 世纪 90 年代初，谢辰生参加圆明园遗址保护讨论会，会后摄于大水法遗址。

九五 公元 1993 年，谢辰生随政协考察团考察三峡库区文物时，与时任全国政协副主席钱伟长合影。

九六　国家文物局给离退休老同志过生日（前排右二为谢辰生）。

九七　公元 2004 年，谢辰生（左一）到江苏苏州参加第 28 届
世界遗产大会，与郑孝燮（右一）在大会会场合影。

九八　公元 2005 年，谢辰生（左一）参加敦煌研究院建院六十
　　　周年暨常书鸿诞辰一百周年纪念会，与樊锦诗（右一）
　　　在石窟考察现场探讨文物保护规划方案。

九九　公元 2010 年，谢辰生（中）、张忠培（右）、耿宝昌（左）
　　　在故宫茶叙。

胆的斗士，也是一个有血有肉、有情有义、有态度、有温度的性
情中人（图九四～九九）。

附　　录

一、守护文物七十年

谢辰生公元1949年随郑振铎到文物局工作，迄今已近七十年。七十年来响应党的号召先后参加过抗美援朝（在被敌军炸毁的古建中抢救出一些文物）、公元1956年下放劳动、公元1964年社教运动等（图一〇〇）。公元1982年机构改革成立"五合一"文化部，经国务院任命为文化部文物局顾问，这是个实职顾问，作为班子成员参加党组会议。之后又先后当选为第七届全国政协委员、党的十三大代表。公元1995年离休。离休之后也从未停止工作，把自己全部精力奉献给文物事业。曾先后获得"中国文化遗产保护终身成就奖"、"中国文物、博物馆事业杰出人物"、"全国离退休干部先进个人"等荣誉称号（图一〇一、一〇二）。谢辰生说一生只做一件事：保护文物。

一〇〇　谢辰生公元20世纪60年代留影

一〇一　公元2009年，文化部、国家文物局隆重表彰21位文
　　　　博专家，授予他们"中国文物、博物馆事业杰出人物"
　　　　称号（前排左三为谢辰生）。

一〇二　谢辰生荣获的"中国文物、博物馆事业杰出人物"奖牌。

　　谢辰生矢志不移，克己奉公，守护文物七十载，堪称新中国保护祖国文物第一人。他为保护文物和传承优秀传统文化奋斗了七十年，奉献了七十年（图一〇三、一〇四）。

　　真正成为祖国文物的守护人十分不易。正如金冲及为《新中国文物保护史记忆》所作序言中提到的"至少需要具有两个条件：一是真正懂得它的价值和意义，有丰富的知识和经验，知道应该怎样来保护和管理祖国文物，想得比别人更深更远更在行。二是要有那股对祖先负责、对后人负责的强烈责任感和使命感，把它看得同自己的生命一样重要。当遇到使常人畏缩的困难和阻力时，敢于挺身而出，并且锲而不舍，不达目的不轻易罢休"。对此，郑振铎有之，王冶秋有之，夏鼐有之，谢辰生亦有之。谢辰生亲身经历了新中国文物工作的全过程，并且始终处于关键性岗位。最令人感动的是，即使离休，但心系文物工作。每每遇到重要问题，他总是挺身而出，疾恶如仇，加以阻止。多少次直言不讳地给中央领导人写信，得到重视和采纳，发挥着其他人难以起到的作用。

　　在为文物保护和文物事业发展奋斗的七十年历程中，谢辰生的事迹和贡献是多方面的、也是极为重大的。本书就其主要方面做了述评，最核心的是谢辰生为探索中国特色文物保护理论、为开辟中国特色文物保护道路和创建中国特色文物保护制度做出的重要贡献。

　　谢辰生一生对党的文物事业忠心耿耿，恪尽职守，兢兢业业。他一生执笔起草和参与起草了一系列重要文物法律法规文件和政策性文件，为文物工作实现"有法可依、有法必依、执法必严、违法必究"的法治化做出了重要贡献，是新中国文物保护法律法规的奠基者和开拓者之一。

　　谢辰生一生模范遵守党和国家法律法规，在严格执行国家文物保护法律法规中身体力行；坚决与违法犯罪行为做斗争，不计个人得失，不怕威胁，维护法律权威和文物安全，致信中央领导人，直陈有关事实和情况，提出意见和建议，为保护祖国文物，解决重要事项和难点问题起到了积极作用。

一〇三　公元1997年，谢辰生（中）参观文物出版社建社四十
　　　　周年图书展。

一〇四　公元2010年11月，谢辰生（中）参加文物学会文物
　　　　宣传委员会选举会议。

　　谢辰生一生积极参与文物保护实践和理论探索，取得了丰硕成果。这是文物保护利用的理论财富。他一生为文物保护而奋斗，成绩卓著。在离休以后，仍心系文物保护，身体力行文物保护实践，如参加长江三峡库区文物抢救保护调研和保护规划论证，参与修订《文物保护法》，为保护北京、天津、南京等历史文化名城和其他重要文物史迹、设立文化遗产日等提出意见和建议，做出了卓有成效的贡献。

　　进入新时代，谢辰生满怀激情表示在贯彻习近平新时代中国特色社会主义思想、加强文物保护利用和传承优秀传统文化中，作为文物战线年届九旬又七的一位老文物工作者，一个文物老兵，将"生命不息，奋斗不止"。近期谢辰生做的一件有意义的"小事"，就是在视力极其不好的情况下，欣然为中国文化遗产研究院副研究员彭蕾的《文物管理现代化研究》一书题词，为中国政法大学教授霍政欣承担的国家文物局课题的研究成果《流失文物争夺战——当代跨国文物追索的实证研究》一书作序。虽然题词作序在谢辰生一生中实属平常事，但他对青年学者给予的大力支持和热情鼓励、为培养中国特色文物保护利用人才尽心竭力，却着实感人至深。

　　谢辰生一生执着于文物事业，即使是在遭受病痛折磨的古稀之年。公元1993年初，时年71岁的谢辰生在北京协和医院检查时，被确诊为膀胱癌，随后在友谊医院做第一次电切手术。四个月后复发，再次做电切手术。公元2007年癌症复发做了第三次手术，公元2008年年初做了第四次手术，7月又做了第五次手术，11月发现已经转移到肺部，因为年事已高，不宜手术或者化疗，只能采用保守疗法，提高自身免疫力，控制发展，带瘤生存。公元2009年10月发现癌细胞扩散到尿道，11月接受微创手术。不知道这样能够维持多久，但是谢辰生对此非常坦然，听之任之，没有任何精神负担，倒是在考虑今后有限的时间里如何力争继续为文物保护事业多尽些绵薄之力。

　　最后想到谢辰生曾说的一句话："写这封信，只是出于对祖

一〇五　公元 2016 年 4 月，谢辰生（左三）与张忠培（左四）、
　　　　单霁翔（左二）在故宫博物院隆宗门考古工地。

国文化遗产的热爱，出于对自己从事三十年工作的责任感，'耿
耿此心，可誓天日'。"这是谢辰生在公元 1984 年 3 月 17 日致
胡耀邦、万里、习仲勋等中央领导同志信中的一句话。这句话更
像一个不悔的誓言、一份庄严的承诺。而今三十余年又过去了，
谢辰生对祖国文物的热爱并没有半点褪色，时间证明了其心之耿
耿，可表日月（图一〇五）。

二、生平简表

1922 年

9 月 17 日（农历七月二十六日），谢辰生出生于北京前圆恩寺胡同。名国愈，字辰生，号思庵。祖籍江苏武进罗墅湾南村，寄籍河南安阳。

1923–1928 年

随母生活在天津。六岁时母亲万玉文病逝于三伯父家，遂由伯母承担起照顾他的生活起居。

1929 年

随同父亲回到北平，进入北平培根小学读初小。

1930–1933 年

转入北平四存小学读初小。

1934–1935 年

被父亲谢宗陶接到天津，进入天津秀山小学读高小，直至高小毕业。

1935–1939 年

在北平四存中学读初中。其间 1937 年因国难当头，父兄远走，家庭经济困难，休学一年。1939 年毕业。

1940–1941 年

在北平四存中学读高中一、二年级。

1942–1943 年

在北平四存中学读高中二年级。几番前往延安未果，滞留西安，在评价商店任职员。后回北平，又到安阳，在安阳县立第一小学任教。

1944–1945 年

绕行前往抗日根据地，受阻于安徽亳州。后重返安阳。抗战胜利后，赴河南开封投奔父亲，被安排在郑州救济总署义民站工作。

1946–1948 年

大伯父去世，回安阳奔丧，与堂兄谢国桢会合。后随同谢国桢前往上海，与郑振铎结识，帮助徐森玉、顾廷龙编辑《甲午以后流入日本文物之目录》。此后作为郑振铎秘书，协助郑振铎编辑《中国历史参考图谱》《韫辉斋名画集》《域外所藏中国名画集》等著述，并协助郑振铎处理一些事情。

1949 年

9 月，由郑振铎安排，介绍前往北平市军事管制委员会文化接管委员会文物部报到。11 月，到文化部文物局正式工作，担任文物局文物处业务秘书。

1950 年

起草中央人民政府政务院颁发的《禁止珍贵文物图书出口暂行办法》《古迹、珍贵文物、图书及稀有生物保护办法》及所附《古文化遗址及古墓葬之调查发掘暂行办法》等。9 月，被派往华北"革大"二部学习。11 月，参加中国人民志愿军，担任志愿军后勤二分部政治部宣传干事。

1953 年

4 月，从朝鲜回国，重返文化部社会文化事业管理局（文物局）工作。

1956 年

起草国务院发布的《关于在农业生产建设中保护文物的通知》。参与起草文化部、全国供销合作总社发布的《关于加强保护文物工作的通知》。

1957 年

撰写发表《有关地志博物馆的两个问题》《再论有关地志博物馆当前的中心任务问题》《学习苏联，使文物事业更好地为社会主义服务》等文章。

1958 年

下放河北丰润县唐坊村参加劳动。

1959 年

4 月，代表文化部文物局参加山西省在代县召开的全省文物、博物馆管理工作现场会议。

1960 年

参与起草文化部、对外贸易部印发的《关于文物出口鉴定标准的几点意见》和《文物出口鉴定参考标准》。参与起草国务院批复文化部、商业部、外贸部《关于研究执行"关于改变文物商业的性质和管理体制的方案"的通知》。9 月，与胡清源结婚。

1961 年

起草国务院 3 月 4 日发布的《关于进一步加强文物保护和管理工作的指示》。国务院同日发布的《关于发布文物保护管理暂行条例的通知》，所附《文物保护管理暂行条例》由谢辰生起草。起草了国务院同日发布的《关于公布第一批全国重点文物保护单位名单的通知》，同时参加了《名单》拟定工作。

1962 年

参与起草文化部文物局 8 月 22 日印发的《关于博物馆和文物工作几点意见》。起草国务院 10 月 26 日批转文化部《关于第一批全国重点文物保护单位保管和破坏情况及今后意见的报告》。

1963 年

参与起草文化部 4 月 17 日发布的《文物保护单位保护管理暂行办法》和 8 月 27 日发布的《革命纪念建筑、历史纪念建筑、古建筑、石窟寺修缮暂行管理办法的通知》。

1964 年

参与起草国务院 8 月 29 日发布的《文化部关于发布 < 古遗址、古墓葬调查、发掘暂行管理办法 > 的通知》中的《管理办法》。

下半年，去西安参加"社会主义教育运动"。

1965 年

结束"社教"工作，回到文化部文物局。

1966 年

1 月，前往山西侯马遗址勘探现场，了解出土"盟书"情况。

1967 年

起草中共中央 5 月 14 日印发的《关于在无产阶级文化大革命中保护文物图书的几点意见》。

1969 年

9 月，文化部图博文物事业管理局干部随同文化部职工，下放到湖北咸宁文化部"五七"干校劳动。谢辰生被分配在一大队二连。

1970 年

在湖北咸宁文化部"五七"干校劳动与学习。

1971 年

10 月，夫人胡清源逝世。

1972 年

从咸宁文化部"五七"干校回到北京。

1973 年

参与起草国家文物局 8 月 1 日发布的《关于进一步加强考古发掘工作的管理的通知》。参与起草国家文物局 10 月 31 日发布的《关于严禁将馆藏文物图书出售作外销商品的通知》。参与起草对外贸易部、商业部、国家文物局发布的《关于加强从铜杂中拣选文物的通知》。

1974 年

起草国务院 8 月 8 日发布的《关于加强文物工作的通知》。参与起草国务院 12 月 16 日发布的《批转外贸部、商业部、文物局 < 关于加强文物商业管理和贯彻执行文物保护政策的意见 > 的通知》。

1976 年

参与起草国家出版事业管理局、国家文物事业管理局 2 月 20 日印发的《关于古旧书籍出口鉴定函》。10 月，担任国家文物事业管理局文物处副处长。

1977 年

起草国务院 2 月 15 日发布的《批转国家文物事业管理局 < 关

于在农业学大寨运动中加强文物保护管理的报告 > 的通知》中的《报告》。5 月，与王惠贞结婚。起草国家文物局 6 月向国务院上报的《成立"古文献研究室"的请示》。参与起草国家文物局 10 月 19 日发布的《< 对外国人、华侨、港澳同胞携带、邮寄文物出口鉴定、管理办法 > 的通知》中的《办法》。

1978 年

参与起草国家文物事业管理局 1 月 20 日发布的《< 博物馆藏品保管试行办法 >< 博物馆鉴选标准（试行） > 的通知》中的《试行办法》和《鉴选标准（试行）》。参与起草国家文物事业管理局 5 月 3 日发布的《关于加强对长城保护的通知》。9 月，担任国家文物事业管理局研究室主任。起草外贸部、商业部、国家文物局 11 月 10 日发布的《转发国务院批准的 < 关于进一步做好一般文物(旧工艺品)管理和出口工作的请示 > 的通知》中的《请示》。起草国家文物局、国家地震局 11 月 10 日印发的《关于进一步开展地震考古工作的意见》。

1979 年

参加 4 月 6 日至 12 日在西安召开的中国考古学会成立大会及第一次年会，当选为第一届理事会理事。参加了起草《省、市、自治区博物馆工作条例》的研究讨论。6 月，在讨论曾侯乙墓精密铸造工艺座谈会上，向湖北省委书记建议，首次提出对铜绿山古铜矿遗址原址保护。此后，又参加了该遗址保护座谈会。参与起草国务院 7 月 31 日发布的《批转国家文物事业管理局关于 < 文物特许出口管理试行办法 > 请示报告的通知》中的《试行办法》。参与起草国家文物事业管理局 9 月 4 日发布的《拓印古代石刻的暂行规定》。同年，开始起草《中华人民共和国文物保护法》草案。

1980 年

3 月 26 日，致信中共中央总书记胡耀邦并转中央书记处同志，说明王冶秋与康生的关系，澄清王冶秋和文物局所蒙受的不白之冤。胡耀邦做了重要批示，中宣部作了调查核实，予以澄清。先后参与起草公安部、文化部、国家文物事业管理局 4 月 16 日发布的《关于加强文物安全保卫工作的通知》和国务院 5 月 15 日批转国家文物事业管理局、国家基本建设委员会的《关于加强古建筑和文物古迹保护管理工作的请示报告》。起草国务院 5 月 17 日发布的《关于加强历史文物保护工作的通知》。

1981 年

参与起草了国家文物事业管理局的《关于长城破坏情况的调查报告》《关于加强安全措施防止文物失窃的意见》《文物工作人员守则》和《文物商店工作条例（试行稿）》等多份重要文件。参与起草国务院 10 月 30 日发布的《批转国家文物事业管理局 < 关于加强文物市场管理的请示报告 > 通知》。

1982 年

8 月 5 日，联合国在墨西哥城举行世界文化政策会议，文化部部长朱穆之率代表团出席，谢辰生作为代表团成员参会，并做了发言。11 月 19 日，第五届全国人大常委会第二十五次会议通过《中华人民共和国文物保护法》，并公布实施。《文物保护法》草案由谢辰生起草。12 月 18 日，国务院正式下发任命书，任命谢辰生为文化部文物事业管理局顾问，为局领导班子成员。

1983 年

1 月，谢辰生撰写的《认真执行文物保护法，开创文物工作新局面》一文，刊于《文物》1983 年第 1 期。先后参与起草《中华人民共和国考古发掘申请书》《中华人民共和国考古发掘证照》《关于加强历史文化名城规划工作的几点意见》等。4 月，文化部文物局在北京召开"全国古代书画巡回鉴定专家座谈会"，会上正式成立中国古代书画鉴定组。5 月 9 日至 17 日，中国考古学会第四次年会在郑州召开，会上改选产生了中国考古学会第二届理事会。夏鼐任理事长，谢辰生等当选为常务理事。8 月 31 日，中国古代书画鉴定组成立大会在北京召开，确定鉴定组由七人组成，谢稚柳和启功为鉴定组组长。谢辰生为鉴定组成员，代表文物局负责组织协调工作。8 月，第一期全国古代书画鉴定工作从北京开始进行。11 月 10 日，率领中国文物工作者代表团赴埃及，开始为期一个月的考察访问。回国后，致信中共中央书记处书记、中宣部部长邓力群，介绍了赴埃及考察情况和感想。

1984 年

参与起草文化部 1 月 18 日发布的《关于不作为宗教活动场所的寺观教堂等古建筑不得从事宗教和迷信活动的通知》。3 月 15 日至 14 日，文化部文物事业管理局在成都召开 1983 年考古发掘工作汇报会，讨论制定省级文物考古机构工作条例和田野考古工作规程，谢辰生出席并讲话。闭幕时的讲话刊于本年《四川文物》第 3 期。参与起草国务院办公厅 3 月 30 日发布的《转发文化部 <关于加强文物保护制止破坏的紧急报告 > 的通知》、文化部 6 月 10 日发布的《关于进一步做好文物普查工作通知》、文化部 7 月 4 日发布的《关于加强出国文物展览管理工作的通知》等。9 月 10 日，为湖北铜绿山古矿冶遗址题词："中华民族古代青铜文化见证，其历史科学价值是不能以经济数字来衡量的，必须妥善保护，为建设社会主义精神文明做出贡献。"同年，古代书画鉴定组开始第二期和第三期全国古代书画鉴定活动，谢辰生与鉴定组其他成员在首都博物馆和故宫博物院鉴定馆藏书画。

1985 年

7 月 16 日，致信中共中央书记处书记、国务院副总理谷牧，建议取消已经中央批准的新疆古尸赴日展出。经中央领导批示，新疆古尸赴日展出最终被阻止。11 月 25 日，中共中央总书记胡耀邦主持召开中共中央书记处会议，讨论关于加强文物保护和利用、促进社会主义精神文明建设问题。谢辰生与文化部部长朱穆之、文化部文物局局长吕济民列席会议。会议决定由胡耀邦牵头组成文件修改小组，对报请审批的《中共中央国务院关于进一步加强文物工作的决定》（修改稿）再做进一步修改补充等。谢辰生代表文物局参加文件修改小组。同年，两次与古代书画鉴定组其他成员赴上海鉴定古书画。

1986 年

从 1 月份开始，本年多次用较长时间与古代书画鉴定组其他成员一起在上海、江苏，对一些文博单位和其他单位的古书画进行鉴定。参与起草文化部 7 月 12 日发布的《纪念建筑、古建筑、石窟寺等修缮工程管理办法》。11 月 4 日，为了深入宣传和进一步贯彻《文物保护法》，文化部文物事业管理局在北京房山召开座谈会，谢辰生和副局长沈竹主持会议。

1987 年

2 月，为李晓东《文物保护管理概要》一书撰写序言，殷切希望"广大文物工作者通过自己的实践，能够不断地总结经验，开展理论研究，为建立具有中国特色的文物保护管理学而努力探索"。5 月 19 日，在国务院召开的第 140 次常务会议上，谢辰生就关于打击盗窃和走私文物活动的问题做了汇报和说明，同时在会上提出恢复国家文物事业管理局的建议。起草国务院 5 月 26 日发布的《关于打击盗掘和走私文物活动的通告》。6 月 6 日，文化部召开全国电话会议，谢辰生传达了国务院第 140 次常务会议关于颁发《关于打击盗掘和走私文物活动的通告》和恢复国家文物事业管理局的决定以及中央领导关于加强文物工作意见。10 月 9 日，致信国务院副总理万里、谷牧，随函送上中宣部、文化部党组代国务院草拟的《关于进一步加强文物工作决定》文件稿。后由国务院 11 月以《关于进一步加强文物工作的通知》形式发布。10 月 25 日至 11 月 1 日，当选党的十三大代表，参加中国共产党第十三次全国代表大会。12 月 1 日，在《人民日报》发表《端正文物工作的指导思想》一文。

1988 年

2 月 5 日，在《中国文物报》发表《深切怀念王冶秋同志》一文。3 月 11 日，在《中国文物报》发表纪念周总理文章《亲切的关怀，永恒的思念》。3 月 24 日，入选第七届（1988 年 3 月 24 日至 1992 年 3 月 18 日）全国政协委员，每年的全国政协会议上都有提案。同年，与古代书画鉴定组其他成员到山东、辽宁、吉林、福建、广东省文博单位及有关单位鉴定古代书画。

1989 年

1 至 2 月在广东，5 月在成都，10 至 11 月在重庆、武汉，与古代书画鉴定组其他成员鉴定文博单位等所藏古代书画。8 月 22 日，国家文物局在山东青岛召开流散文管理研讨会，谢辰生、副局长沈竹出席会议并讲话。会议对文物市场管理、私人收藏文物管理、文物出境等文件进行了讨论。9 月 29 日，在《中国文物报》发表《新中国第一号文物法令》一文。

1990 年

4 月，与国家文物局局长张德勤一起陪同中共中央政治局常委、中央书记处书记李瑞环到陕西视察文物工作。5 月 29 日，在北京与古代书画鉴定组全体成员参加全国古代书画巡回鉴定总结座谈会。8 月 14 日，中国文物保护基金会成立，谢辰生担任基金会秘书长。10 月初，前往美国俄亥俄州首府哥伦布市探望女儿，12 月初回到北京。

1991 年

3 月 5 日，致信中共中央党史工作领导小组副组长、中顾委委员邓力群，建议由文物出版社与浙江美术出版社合作出版《中国绘画全集》（二十卷），并提出了具体意见。3 月 29 日，在七届全国政协第四次会议上，与一百四十多名委员联合向大会提出了《建议采取果断措施，严厉打击盗掘古墓犯罪活动》的提案。提案建议修改补充《文物保护法》和《刑法》，增加关于盗掘古墓犯罪的量刑条款。6 月，在四川乐山召开《中国大百科全书·文物博物馆》"文物"部分编辑委员会总审稿会，编委会主任谢辰生主持会议。7 月 29 日，中国考古学会理事长苏秉琦教授致信谢辰生，认为其为《中国大百科全书·文物博物馆》一书"文物"部分所撰写的概观性文章《文物》，"'文物与考古'的框架结构体系基本具备了"。10 月 16 日，在泰安国家文物局举办的省级文物局（处）长文物法规研讨班上做重要讲话。

1992 年

4 月，在七届全国政协五次会议上，与七十六位委员联合向大会提出了《应当高度重视三峡工程淹没区的文物保护工作》的提案。11 月 19 日，参加国家文物局召开的纪念《文物保护法》公布十周年座谈会并发言。11 月 30 日，国家文物局成立三峡工程文物保护工作领导小组，谢辰生为小组成员之一。12 月，参加由国家文物局在北京召开的三峡工程文物保护工作领导小组第一次会议，会议讨论了《三峡工程文物保护规划大纲》，部署了下一阶段工作。

1993 年

1 月，《中国大百科全书·文物博物馆》出版，谢辰生担任"文物"部分编辑委员会主任，撰写的概观性文章《文物》作为卷首语。9 月，致信国务院副总理朱镕基，反映京九铁路建设中文物保护、发掘经费未落实的问题。11 月 1 日，在《人民日报》发表《正确处理文物保护与基本建设的矛盾》一文。年初，在北京协和医院检查时，被确诊为膀胱癌，随后在友谊医院做第一次手术（电切手术）。四个月后复发，再次做电切手术。

1994 年

1 月 25 日，《人民日报》刊登记者周庆对谢辰生、黄景略的采访报道《又闻绝响：改写历史的考古新发现——近十多年来重要出土文物解答历史之谜》。3 月 14 日，致信国务院总理李鹏，再次表达了对广东虎门靖远炮台因建高速路公路而遭破坏事件的处理意见，并呼吁通过依法办事来解决文物保护与建设的矛盾。5 月 20 日，历史文化名城专家委员会成立，谢辰生为委员。12 月 25 日，撰写完成《新中国文物博物馆事业的主要开拓者和奠基人》一文，为《回忆王冶秋》一书而作。

1995 年

8 月 29 日，起草并与单士元、傅熹年、张开济、王定国、杜祥明、郭正谊、毕克官、郑思远、李准、郑孝燮、柴泽民、王健平、罗哲文、张锦秋、徐苹芳联名，致信中共中央总书记江泽民、总理李鹏并中央常委，强烈呼吁中央制止北京市实施"东方广场"的设计方案。11 月，在北京参加文物出版社召开的《中国古代书画图目》出版计划会议。此前,《图目》出版因经费不足难以为继,经谢辰生与国家计委和财政部领导联系而得以解决,使《图目》出版继续进行。12 月 27 日,起草并与傅熹年、毕克官、徐苹芳、单士元、张开济、罗哲文、梁从诫、郑孝燮等政协委员、专家学者联名,致信全国人大常委会委员长乔石和全国人大常委会,再次强调呼吁依法办事,制止实施“东方广场”的设计方案。建议有关方面提出几个比较方案,经各方面专家论证后再做决定。同年,谢辰生从国家文物局离休。

1996 年

7 月,与李晓东合著的《< 文物保护法 > 释义》被收入《中华人民共和国法律释义全书》。《全书》由孙琬钟等主编,中国言实出版社出版。8 月 8 日,与苏秉琦、张开济、郑孝燮、王蒙、周巍峙、单士元、罗哲文、邹衡等各方面著名人士二十三人,联名致信总书记并政治局常委同志,反映三峡工程文物保护情况和规划等问题,以引起中央对此项工作关注和重视。

1997 年

3 月,国家文物局在广西桂林召开文物法制工作座谈会,主要研究修订《文物保护法》事项,谢辰生、聂大江、李宣化等参加。6 月 8 日,与李晓东合著的《< 中华人民共和国文物保护法 > 释义》开始在《中国文物报》连载。7 月 18 日,出席文物出版社举办的建社四十周年专家座谈会。9 月,倡议并推动的《王冶秋文博文集》由文物出版社出版。10 月 22 日,参加国家文物局举办的纪念王冶秋逝世十周年座谈会。撰写的《完善文物法律,加大执法力度》一文,12 月 1 日刊登于《法制日报》。

1998 年

6 月 30 日,撰写了《对 < 长江三峡工程淹没及迁建区文物保护规划 > 的意见》。7 月 6 日,致信国务院总理朱镕基,随函送上谢辰生及参加三峡文物考察的文物考古专家对《保护规划》的书面意见。8 月 10 日,撰写完成《纪念西谛先生诞辰一百周年》一文。9 月,参加三峡工程建设委员会召开的关于三峡文物保护规划的专家论证会。12 月 21 日，在人民大会堂参加郑振铎诞辰一百周年纪念座谈会并发言。12 月，应重庆移民局之约，参加三峡白鹤梁题刻等三处重要文物保护方案的论证。

1999 年

2 月 1 日，国家文物局副局长郑欣淼，向谢辰生、沈竹、李晓东颁发国家文物局修订《文物保护法》顾问聘书。2 月 14 日，致信国务院总理朱镕基，敦促国务院"三建委""火速"审批《三峡工程淹没及迁建区文物保护规划（保护项目和保护方案）》，落实经费。5 月，撰写的《忆谢老》刊载于《谢稚柳纪念集》。5 月 21 日，参加在北京召开的《中国青铜器全集》编委会全体会议暨出版座谈会。8 月，与罗哲文、王建平、黄景略、汪志明等专家应浙江省建设厅邀请和建设部委托，亲赴浙江舟山定海旧城拆除现场考察，明确提出应当保护的意见。

2000 年

4 月，国务院法制办教科文司张建华、刘晓霞等到安徽、浙江省对修订《文物保护法》草案进行调研，国家文物局修订《文物保护法》顾问谢辰生、李晓东陪同调研。10 月，《中国文物古迹保护准则》颁布，谢辰生参与了《准则》修改定稿工作。11 月 5 日，撰写《文物市场存在与否不取决于经济体制》一文，刊于《中国文物报》。12 月 1 日，倡导推动的张珩遗著《木雁斋书画鉴赏笔记》（十卷本）由文物出版社出版。同年，赴新疆调查研究，为西部大开发中的文物保护提出意见和建议。

2001 年

1 月，撰写的《祝福与期望》刊于当年《文物天地》第一期。8 月 27 日，在北京与部分文物局老专家参加国家文物局召开的对《文物保护法》修订草案修改稿第 24 条征求意见座谈会。8 月 31 日，起草并与沈竹、马自树、黄景略、彭卿云联名致信文化部部长、党组书记孙家正，明确表达对《文物保护法》修订草案修改稿第 40 条的意见，强烈要求保留原第 40 条规定，反对将法制办提出的新方案写入《文物保护法》。同年，撰写完成《中国古代书画图目》后记。

2002 年

5 月 25 日，撰写的《新中国文物保护五十年》，刊于《当代中国史研究》同年第 3 期。8 月 19 日，致信国务院副总理李岚清，反映一些地方将重要文博单位合并到旅游公司并准备上市情况，呼吁采取措施加以制止。9 月 7 日，与郑孝燮、侯仁之、张开济、吴良镛等二十五位专家学者，联名向中共中央总书记江泽民发出《紧急呼吁——北京历史文化名城保护告急》，信中疾呼应立即停止二环路以内所有成片拆迁工作……修改《北京历史文化名城保护规划》。9 月底，参加全国人大常委会法工委举行的关于修订《文物保护法》讨论会，在 27 日会上做了发言。11 月 6 日，撰写《新中国文物保护法制建设发展历程的回顾》一文，刊于《中国文物报》。11 月 9 日，为李晓东著《文物保护法概论》一书作序。他在序言中对"保护为主，抢救第一，合理利用，加强管理"的文物工作方针中四句话的主要内含和它们之间的辩证关系进行了精辟论述。同年，参加全国人大常委会《文物保护法》修订草案讨论会，听取意见。

2003 年

3 月 4 日，致信北京市委书记刘淇，对北京古城保护提出建议。5 月 23 日，撰写《认真贯彻＜文物保护工程管理办法＞》一文，刊于《中国文物报》。6 月 21 日，第三次致信北京市委书记刘淇，希望对拆毁四合院的违纪行为进行制止，尽快公布四合院保护名单，落实各项保护措施。同时，对元大都土城遗址保护提出建议。7 月 29 日，致信江苏省委书记李源潮，对常州市委办公室上报省政府的《常州文物保护问题调查报告》中存在的问题提出意见。8 月 24 日，致信国务院总理温家宝、国家主席胡锦涛、反映北京市违法暴力拆迁、非法拆除列入保护四合院名单中的四合院问题。10 月 18 日，参与起草，并与吴良镛、郑孝燮、舒乙、梁从诫、傅熹年、罗哲文、陈志华、徐苹芳、李准等专家学者联名致信北京市委书记刘淇、市长王岐山，建议不要把南池子模式作为推广的典型，宣传也要适度。同时，希望根据实际情况，对古城内的传统建筑，分别采取保护、维修、整治、翻修的办法。

2004 年

8 月 19 日，致信国务院总理温家宝、国家主席胡锦涛，反映北京历史文化名城保护出现的问题，同时提出建议。11 月 17 日，北京市政府聘请谢辰生等九位专家为"北京旧城风貌保护与危房改造专家顾问小组"成员。

2005 年

7 月 19 日，参与起草，并与郑孝燮、宿白、谢凝高、黄景略、李伯谦、吴良镛、舒乙、徐苹芳、傅熹年、毕克官、常沙娜联名上书国家主席胡锦涛，呼吁建立全国"文化遗产日"。胡锦涛作了批示，之后，国务院通知设立"文化遗产日"。12 月 22 日，国务院发布的《关于加强文化遗产保护的通知》，谢辰生参加了通知文件的讨论修改工作。同年，为刘晓霞等著《文物保护法通论》作序。

2006 年

3 月 26 日，致信国务院总理温家宝，在信中提出确定入选全国重点文物保护单位主要取决于它的价值，而不是政治上是否进步或反动。8 月 4 日，撰写《关于认识文物价值的一点看法》一文，刊于《中国文物报》。10 月 16 日，致信国务院总理温家宝，呼吁采取措施制止南京、常州等城市正在进行的改造历史街区的拆迁活动，再次呼吁尽快出台《历史文化名城名镇名村保护条例》。同时，附有与其他专家学者联名的关于保留南京历史旧城区的紧急呼吁书。11 月 30 日，撰写完成《关于"历史文化名城名镇名村保护条例"保护建议》。同年，癌症复发，在北京协和医院接受第三次手术。

2007 年

9 月，南京军区颁布《南京军区营区文物保护管理暂行办法》，谢辰生参与《暂行办法》草稿修改。

2008 年

1月9日，致信国家主席胡锦涛、国务院总理温家宝，随函送上1月6日与侯仁之、郑孝燮、吴良镛、宿白等11位专家学者致胡锦涛、温家宝的建议书，建议颁布统管全军的文物保护法规。年初，癌症复发，在协和医院接受第四次手术。7月接受第五次手术。11月19日，得知手术复查结果：癌症已转移至肺部。11月20日，致信国家主席胡锦涛、国务院总理温家宝，希望解决医疗待遇和治疗费用问题。此后，在中央领导过问下这些问题得到解决。同年，担任中国考古学会名誉理事。同年，前往天津，参加"中国文化遗产保护天津论坛"。为了支持鼓励这个由民间志愿者发起的论坛，亲笔为其题写"文化遗产保护志愿者论坛"坛名。

2009 年

3月9日，致信国家主席胡锦涛、国务院总理温家宝，对北京长安街六部口拆迁改造工程提出建议。5月18日再次致信提出建议。5月3日，与张文彬、陈志华、李先奎、杨志军及部分媒体代表，亲临天津五大道考察，当即草拟了《关于加强保护天津五大道历史文化街区的紧急呼吁》。5月18日，致信国务院总理温家宝，反映由南京、天津市政府主导的拆迁工作中违反《历史文化名城名镇名村保护条例》和《文物保护法》，拆除已被确定需要保护的建筑物等，同时提出建议。5月27日，致信国务院总理温家宝，随函附致北京市市长郭金龙、副市长陈刚信函。在信中对住房和城乡建设部、国家文物局在南京、天津古城保护中尚未采取任何措施，表达了"五内如焚"的忧虑。6月13日，国家文物局对"终生致力于中国文物事业、成就卓著、德高望重的"谢辰生等20位专家，授予"中国文物、博物馆事业杰出人物"荣誉称号。6月15日，参加在江苏无锡举行的第二届"薪火相传——中国文化遗产保护年度杰出人物"评选颁奖典礼，获得"中国文化遗产保护终身成就奖"。6月，与单霁翔、徐苹芳等专家前往天津，对"五大道聚容锚地"项目进行实地考察。下午与天津市领导及志愿者协商，拆迁工程随即被终止。6-7月，《人民政协报》《光明日报》《人民日报》等先后刊登《谢辰生：一人，一生，一件事》《谢辰生：文物保护一"闯"将》《谢辰生的"直言"与"直书"》等人物报道文章。9月，获得"全国离退休干部先进个人"称号。11月3日，经中法专家会诊后，接受手术治疗，手术十分成功。12月4日，"中国武夷山世界遗产保护高峰论坛"在福建武夷山风景名胜区举行，做题为《正确处理发展与保护的关系》的主旨演讲。12月29日，致信国务院总理温家宝，对"发展旅游与文物保护的关系"等提出意见。其中，针对媒体对"少林寺上市"的报道，呼吁制止旅游公司兼并文物保护单位捆绑上市的行为。

2010 年

2月25日，与徐苹芳、张忠培、黄景略等考古专家致信中共中央政治局委员、天津市委书记张高丽，建议对天津红桥区王家大院进行保护修缮，对外展览开放。4月10日，在江苏无锡参加主题为"文化景观"的中国文化遗产保护无锡论坛。在会上谈了"文化景观"这一遗产类型的看法。提出要对"文化景观"加强基础研究，深入浅出地解释。4月12日，在丹青等陪同下南下杭州，与清华大学教授陈志华、李秋香一起，在浙江省文物局张书恒配合下，开始对"乡土建筑保护与新农村建设"进行考察活动，至16日。5月21日，与徐苹芳、陈同滨和国家文物局同志赴天津，参加天津市国土资源和房屋管理局、规划局、文物局等联合召开的"天津市五大道保护利用试验区方案评审会"，提出对五大道的保护要注意整体效果等重要意见。7月15日，撰写的《文物不是"绊脚石""摇钱树"》一文在《人民日报》刊登。7月26日，致信国务院总理温家宝，反映"关于在山西著名古镇碛口古建筑群附近建火车站事"，并表达了对当前文物工作的看法。9月16日，起草并与宿白、徐苹芳、张忠培、黄景略等著名考古专家联名，致信国家主席胡锦涛、国务院总理温家宝、国家副主席习近平，反映西安大明宫遗址事件及西安曲江管委会（所谓曲江模式）情况和问题，呼吁中央领导对此予以重视。同年，多次在协和医院、北京肿瘤医院接受化疗。

2011 年

2 月 21 日，致信国家主席胡锦涛、全国人大常委会委员长吴邦国、国务院总理温家宝同志，就全国人大常委会将讨论通过的《刑法》修改方案中废除盗墓罪死刑提出不同看法，随信附以文物学会名义给吴邦国同志和全国人大常委写的《关于保留刑法对盗掘古墓古遗址罪死刑判决规定的呼吁书》。同时，在信中也申明了自己的意见。7 月 15 日，中国文物学会在中国文化遗产研究院召开《新中国捐献文物精品全集》编辑论证会，彭卿云主持，谢辰生、傅熹年、耿宝昌、杨新、李晓东、刘炜等参加会议。12 月，对中国古迹遗址保护协会的《中国文物古迹保护准则》修改稿提出修改意见。

2012 年

3 月 30 日，致信国务院总理温家宝，再次就发展旅游与文物保护的关系以及国家旅游局和国家文物局起草的文件，谈了意见和建议。4 月 23 日，全国人大教科文卫委员会召开专家座谈会，白克明主持，听取专家对贯彻执行《文物保护法》的意见和建议。谢辰生、李晓东等出席，谈了意见和建议。6 月 24 日，致信国务院副总理王岐山，对西安地铁 6 号线依然维持穿越明城墙区方案"深感忧虑"，再次提出意见。7 月 6 日，致信国务院总理温家宝、国务委员刘延东、国务院副总理王岐山、国务委员马凯，就国家旅游局、文化部联合给国务院写的《关于加强文物保护促进旅游发展的报告》中，前后矛盾，违背《文物保护法》规定与历史教训等，申明意见。9 月 15 日，由中国文物学会、中国考古学会、国家图书馆、中西出版社联合召开《甲午以后流入日本文物目录》出版座谈会。该《目录》由徐森玉主编，顾廷龙、谢辰生等编辑于 1946 年。谢辰生等参加座谈会。10 月 30 日，致信国务院总理温家宝，就十几年来，一些地方旅游公司兼并文物保护单位作为资产经营，公然违背《文物保护法》规定，至今在重庆、云冈等地方继续发展的问题，再次提出旅游、文物部门文件应尽快修改下达等意见。12 月 11 日，全国人大教科文卫委员会、国务院法制办、

国家文物局在人民大会堂举办《文物保护法》公布三十周年修订
十周年座谈会。路甬祥副委员长出席并讲话，谢辰生参加座谈会
并做了《当前文物工作应防止的四种错误倾向》的发言。12 月 17
日，中国文物学会、中国考古学会在故宫召开《文物保护法》颁
布三十周年修订十周年座谈会。谢辰生等参加座谈会并发言。本年，
研究拟订谢辰生口述，李晓东、彭蕾整理的《新中国保护史记忆》
章节题目，不断调整，形成基本框架。下半年开始，由谢辰生按
照确定的题目，依次讲述。本年，为李晓东著《文物保护理论与
方法》作序。本年初冬，为李晓东同志《民国文物法规史评》出
版题词："重视法规文本，总结历史经验，探索文保规律，促进
事业发展"。

2013 年

6 月 26 日，国家文物局在中国文化遗产研究院召开《文物保
护法》修订座谈会，李耀申主持，董保华讲话。谢辰生、李晓东
等参加座谈会并发言。11 月 28 日，联名六位专家致信国家主席
习近平、国务院总理李克强，反映了一些地方在推进城镇化过程
中存在的一些值得注意的典型问题，如在城市开发中把旧住区、
旧厂房、旧村作为拆除对象，错误地把城市的历史地段划入棚户
区改造范围；没有依法编制科学的名城保护规划；不严格执行法
律法规；在历史文化名城内拆真建假，举债全盘仿古，搞"形象
工程"等。据此，提出四点建议。本年，继续依照题目讲述《新
中国文物保护史记忆》。

2014 年

1 月 14 日，致信国务院总理李克强、国务院副总理刘延东，
认为全国第一次可移动文物普查是一项"功在当代、利在千秋的
大事"，但据地方文物工作者反映，普查经费各地自行解决，中
央不给予补助，一些边远、贫困地区很难落实。建议可否对普查
经费安排做适当调整，中央和地方政府共同负担等。1 月 24 日，
参加国家文物局召开的《文物保护法》修订研讨会，主要讨论文
物保护法修订框架草案，提出了意见。5 月 6 日，致信国家主席

习近平、国务院总理李克强、国务院副总理刘延东，随函附上《瞭望》杂志采访，谈学习总书记关于传统文化问题讲话的心得。同时，就文物保护"如何更好地发挥政府的作用"的问题，用大量篇幅谈了对存在严重问题的"曲江模式"的看法和意见。7月1日，参加国家文物局召开的《文物保护法》修订初稿（6月26日稿）座谈会，提出了意见。7月2日，致信中纪委书记王岐山，反映山东聊城等地为制造假古董，大兴土木，强行拆迁，甚至向拆迁户喷射毒气，聊城项目原定四十亿，现已上升到六百亿。不完全统计，全国仅四十一个项目的投资就达四千九百一十一亿元。7月6日，致信国务院副总理刘延东，反映山东聊城拆毁老城区以及西安曲江管委会管理经营国有文物保护单位等违法问题。8月6日，致信国家主席习近平、国务院总理李克强，建议中央叫停中信公司在北京东三环新建豪华办公大楼的项目。本年，审李晓东、彭蕾整理的《新中国文物保护史记忆》部分初稿。

2015 年

2月10日，与宿白、耿宝昌致信国家主席习近平、国务院总理李克强、国务院副总理刘延东，呼吁景德镇御窑遗址保护迫在眉睫，并提出意见和建议。9月6日，参加国家文物局召开的《文物保护法修订草案（送审稿）》征求意见座谈会，提出意见和建议。11月9日，致信中纪委书记王岐山，反映四川成都都江堰核心区距鱼嘴仅300米处违法违规建起小发电站一事，建议"纪委公布老虎苍蝇问题时，能把他们破坏文物的问题也列为一条。"本年，继续审阅修改《新中国文物保护史记忆》初稿。

2016 年

1月20日，中国文物学会召开"文物保护法修订草案（送审稿）征求意见座谈会"，单霁翔、谢辰生、彭卿云、张忠培、夏燕月、李晓东等十七位专家学者与会。谢辰生和与会专家都谈了意见和建议，并形成了文字稿。2月28日，致信国家主席习近平，随函奉寄新出版的《新中国捐献文物精品全集》前八卷（张伯驹三卷、徐悲鸿三卷、郑振铎二卷）。《全集》预计出版六十卷，总主编是谢辰生、彭卿云。同日，分别致信国务院总理李克强、国务院副总理刘延东，随函奉寄新出版的《新中国捐献文物精品全集》前八卷。6 月 28 日，国务院法制办召开"文物保护法修订草案（送审稿）专家论证会"，与会专家中来自文物界的有谢辰生、彭卿云、李晓东、郭旃、彭蕾等。他们对修订送审稿从不同方面提出了意见。6 月，致信国务院副总理刘延东，随函送上几份材料，其中有文物被盗掘、走私等情况，有国务院公元 1987 年出台的"101 号文件"的形成情况等。7 月 25 日，致信国务院副总理刘延东，反映《中国大百科全书》第三版没有列入文物卷，建议维持第一版的"文物博物馆"卷为好。8 月，谢辰生口述，李晓东、彭蕾整理《新中国文物保护史记忆》由金冲及作序，文物出版社出版。翌年获得"2016 年度文化遗产图书十佳图书奖"。11 月 23 日，中国文物学会在故宫举行《新中国文物保护史记忆》出版座谈会。参加座谈会并发言的领导和专家有顾玉才、金冲及、郑欣淼、张自成、耿宝昌、傅熹年、黄景略、张忠培、马自树、彭卿云、孔祥星、董保华、郭旃、单霁翔等，谢辰生出席座谈会。他们对新中国文物保护事业第一部口述史的出版都给予了很高评价。

2017 年

3 月 15 日，在中国文化遗产研究院参加《中国大百科全书》第三版文物编委会第一次会议暨编纂工作启动会。中国大百科出版社社长刘国辉主持，谢辰生、柴晓明、杨牧之致辞。6 月 15 日，国家文物局召开"鼓励民间合法收藏文物系列座谈会——法律界人士座谈会"，刘玉珠局长讲话，谢辰生、李晓东、张廷浩、吴仲飞（陕西省公安厅刑侦局局长）等与会发言，提出意见和建议。7 月，李经国编《谢辰生先生往来书札续编附日记》（上、下），由国家图书馆出版社出版。12 月 1 日，为李晓东著《坚持中国特色文物保护利用之路》一书题词："《坚持中国特色文物保护利用之路》是对文物保护管理的综合论述和回顾思考，该书将历史与现实结合，以史论今，以史鉴今，取得了史论双重成果。对加强文物保护，更好地发挥文物作用和促进学科建设都有重要意义。"同日，为彭蕾著《文物管理现代化研究》一书题词："文物管理现代化在传统文化中孕育产生，是国家治理现代化的组成部分，《文物管理现代化研究》是文物管理现代化理论与实践的系统研究成果，将对中国特色文物管理工作的健康发展起到促进作用。"本年底，为霍政欣等著《流失文物争夺战——当代跨国文物追索的实证研究》作序。

后　记

　　公元 2017 年 11 月 22 日，我和夫人许爱仙到文物出版社与周成副社长商谈一部新书稿的出版事宜。其间，周成同志说："文物出版社出版了《中国文博名家画传》系列图书，至今没有谢辰生先生的，主要是没有合适的作者。你们（指我和彭蕾）整理了谢老口述《新中国文物保护史记忆》，已具备了撰写谢老画传的基础。能不能负责写谢老的画传？"想到谢老是新中国文物保护七十年的参与者、实践者、见证者，是文物保护史上极为重要的人物，为他撰写画传，责任重大。当时自己已年逾八旬，精力有限。因此，我并没有当场明确承诺一定去做。

　　我和谢老相识相知五十多年。谢老为保护文物、坚持原则、敢于担当、不屈不挠的拼搏精神一直激励着我，在工作、学习和研究中都受益匪浅。为谢老撰写画传，是构建新中国文物保护史的重要组成部分，既是历史的责任，也是后学的义务。为此，我向彭蕾博士说明了周成同志的意见，并征询她可否一起撰写谢老画传。她愉快地答应下来，并表示这又是一次系统学习新中国文物保护史的极好机会。

　　此后不久，我向谢老转达了周成同志的意见以及由我和彭蕾共同撰写他的画传的设想，征求他的意见。他明确表示完全同意，于是我们初步拟定了画传的章节。画传拟通过文字、照片、图片等，简要勾画出谢老一生的主要事迹和历史发展轨迹。按周成同志意见，画传文字部分十至十五万字，图片约一百至一百五十幅。

　　公元 2017 年 12 月 1 日，我和彭蕾到谢老住处，请谢老为彭蕾新书《文物管理现代化研究》和我的一部新著题词。此后，我又向他汇报了画传的章节和主要内容，再一次得到他的赞同，并进一步明确授权由我和彭蕾为他撰写画传。

撰写画传的过程中，我们曾多次与谢老沟通，并了解、核实一些情况。待初稿完成后，由彭蕾统稿，并初步编排照片和图片。最后共同定稿。画传共有八章和附录，共计十三万字左右。其主要内容基本概括了谢老一生在文物法律法规建设、文物基础理论、文物保护研究等方面的重要成绩和保护文物的历史功绩。

照片和图片是画传的重要组成部分。我们在搜集照片过程中曾遇到很大困难。现在画传中的许多照片和图片由文物出版社提供，有约三分之一是从我多年保存的照片和资料中选出，还有中国文物学会黄元副会长、河北省文物局李保才和彭蕾、张晓悟等提供的，共计一百余幅，基本满足了画传的需要。

在撰写、编辑、出版画传中，文物出版社领导、编辑等许多同志都给予了大力支持，并提供方便。特别是周成同志亲自担任责任编辑审读和修改了全书。由于他们的精心编辑和出版，使画传得以早日与读者见面。在此，对为画传提供帮助的各位领导、同仁致以衷心谢忱！

李 晓 东

公元 2018 年 8 月